上合示范区蓝皮书
SCODA Blue Book

中国-上海合作组织地方经贸合作示范区建设发展报告

邓 浩·主编

时事出版社
北京

图书在版编目（CIP）数据

中国－上海合作组织地方经贸合作示范区建设发展报告/邓浩主编．—北京：时事出版社，2023.8
ISBN 978-7-5195-0545-5

Ⅰ.①中… Ⅱ.①邓… Ⅲ.①上海合作组织—研究报告 Ⅳ.①D814.1

中国国家版本馆 CIP 数据核字（2023）第 113639 号

出版发行：时事出版社
地　　　址：北京市海淀区彰化路 138 号西荣阁 B 座 G2 层
邮　　　编：100097
发 行 热 线：（010）88869831　88869832
传　　　真：（010）88869875
电 子 邮 箱：shishichubanshe@sina.com
网　　　址：www.shishishe.com
印　　　刷：北京良义印刷科技有限公司

开本：787×1092　1/16　印张：13.25　字数：190 千字
2023 年 8 月第 1 版　2023 年 8 月第 1 次印刷
定价：90.00 元

（如有印装质量问题，请与本社发行部联系调换）

编辑委员会

主　任：张新竹
委　员：李　刚　张　栋　刘玉勇　高晓辉　郝国欣　汤德华
　　　　林长华　纪彩云　孙正永　贾存玉　孙　菁　宫惠民
　　　　郑　师　迟永欣　刘长岐　梁　超　王玉彬　宋明亮
　　　　张　鹏　刘雁冰　陈铭坤　陈传晓

主　编：邓　浩
撰稿人：张　明　蔡先金　张新竹　李永全　邓　浩　刘华芹
　　　　李　琰　王海燕　徐坡岭　李自国　韩　璐

Editorial Board

Director: Zhang Xinzhu

Members: Li Gang, Zhang Dong, Liu Yuyong, Gao Xiaohui, Hao Guoxin, Tang Dehua, Lin Changhua, Ji Caiyun, Sun Zhengyong, Jia Cunyu, Sun Jing, Gong Huimin, Zheng Shi, Chi Yongxin, Liu Changqi, Liang Chao, Wang Yubin, Song Mingliang, Zhang Peng, Liu Yanbing, Chen Mingshen, Chen Chuanxiao

Editor – in – Chief: Deng Hao

Authors: Zhang Ming, Cai Xianjin, Zhang Xinzhu, Li Yongquan, Deng Hao, Liu Huaqin, Li Yan, Wang Haiyan, Xu Poling, Li Ziguo, Han Lu

目　　录

第一章　上合示范区：思考和寄语

携手开放发展　共创美好明天 ……………………… 张　明（3）
不忘初心　砥砺前行　走好新时代上合示范区
　　发展新征程 ………………………………………… 蔡先金（5）
团结协作　开放共赢　加快打造"一带一路"
　　国际合作新平台 …………………………………… 张新竹（9）

第二章　上合示范区：背景和意义

第一节　上合示范区建立的时代背景 ……………… 李永全（15）
第二节　上合示范区建立的战略意义 ……………… 邓　浩（31）
第三节　上合示范区的创新作用和务实
　　　　价值 …………………………………………… 刘华芹（48）

第三章　上合示范区：进展和经验

第一节　上合示范区发展历程 ………………………… 李　琰（67）
第二节　上合示范区建设发展主要进展 ………… 李　琰（76）

第三节　上合示范区建设发展的基本特点 ……… 王海燕（89）
第四节　上合示范区建设发展的有益经验……… 王海燕（102）

第四章　上合示范区：机遇和挑战

第一节　上合示范区发展面临的内外形势……… 徐坡岭（119）
第二节　上合示范区发展的优势和有利
　　　　因素 ……………………………………… 徐坡岭（130）
第三节　上合示范区发展存在的挑战
　　　　和问题 …………………………………… 李自国（141）

第五章　上合示范区：目标和任务

第一节　上合示范区的发展方向和主要
　　　　任务 …………………………………… 韩　璐（155）
第二节　上合示范区未来建设发展的路径
　　　　与举措 ………………………………… 李自国（167）

附　录

附录一　习近平主席有关上合示范区的重要讲话 ……… （189）
附录二　上合示范区建设有关文件 ……………………… （190）
附录三　外国嘉宾和国内领导有关上合示范区的
　　　　讲话 …………………………………………… （198）
附录四　上合示范区大事记 ……………………………… （200）

CONTENT

Chapter 1　SCODA: Thoughts & Messages

Join Hands in Opening Up and Developing for a Better
　Tomorrow ·· Zhang Ming (3)
Stay True to Our Founding Mission and Forge Ahead
　on a New Journey for the Development of
　SCODA ·· Cai Xianjin (5)
Unity and Cooperation, Openness and Win – win:
　Accelerate the Creation of a New Platform for
　International Cooperation under the Belt and
　Road Initiative ·· Zhang Xinzhu (9)

Chapter 2　SCODA: Background & Significance

Part 1　The Historical Background of SCODA's
　　　　Establishment ································· Li Yongquan (15)

Part 2　The Strategic Significance of SCODA's
　　　　 Establishment ················· Deng Hao (31)
Part 3　The Innovative Role and Practical
　　　　 Value of SCODA ················· Liu Huaqin (48)

Chapter 3　SCODA: Progress & Experience

Part 1　The Development History of SCODA ········ Li Yan (67)
Part 2　Major Progress in the Construction and
　　　　 Development of SCODA ················· Li Yan (76)
Part 3　Basic Features of the Construction and
　　　　 Development of SCODA ············· Wang Haiyan (89)
Part 4　Useful Experience in the Construction
　　　　 and Development of SCODA ········ Wang Haiyan (102)

Chapter 4　SCODA: Opportunities and Challenges

Part 1　The Internal and External Situations Faced
　　　　 by the Development of SCODA ·········· Xu Poling (119)
Part 2　Advantages and Favorable Factors for the
　　　　 Development of SCODA ················ Xu Poling (130)
Part 3　Challenges and Problems Existing in the
　　　　 Development of SCODA ················· Li Ziguo (141)

Chapter 5 SCODA: Goals and Tasks

Part 1 The Development Direction and Main
        Tasks of SCODA ················· Han Lu (155)
Part 2 The Path and Measures for the Future
        Construction and Development of
        SCODA ························ Li Ziguo (167)

Appendix

Appendix 1 President Xi Jinping's Important
            Speech on SCODA ························ (189)
Appendix 2 Documents Related to the Construction
            of SCODA ·································· (190)
Appendix 3 Speeches by Foreign Guests and Domestic
            Leaders on SCODA ······················ (198)
Appendix 4 Chronology of SCODA ···················· (200)

第一章

上合示范区：思考和寄语

Chapter 1　SCODA: Thoughts & Messages

携手开放发展　共创美好明天

Join Hands in Opening Up and Developing for a Better Tomorrow

张　明　上海合作组织秘书长
Zhang Ming, Secretary-General of the SCO

上海合作组织（简称上合组织）自 2001 年成立以来，始终秉持互信、互利、平等、协商、尊重多样文明、谋求共同发展的"上海精神"，成功探索出一条新型国际组织成长壮大、多边合作、共同繁荣之路，国际吸引力和影响力持续提升，强大生命力和光明发展前景日益凸显。在世界新的动荡变革期，上合组织顺势而为，在地区和国际事务中发挥了积极作用，成为完善国际秩序、推动地区和全球发展、维护成员国安全稳定的不可或缺的建设性力量。

互利合作是上合组织一以贯之的重要宗旨原则，拓展和深化上合组织各国家间经贸合作，推动区域内贸易和投资自由化便利化，促进产业链、供应链、价值链深度融合是互利合作的生动实践。2018 年 6 月 10 日，中国国家主席习近平在上海合作组织成员国元首理事会第十八次会议上宣布中国政府支持在青岛建设中国-上海合作组织地方经贸合作示范区（简称上合示范区），这一决定是基于国际关系发展新阶段，对上合组织国家区域合作模式的拓展和延伸，各方高度关注，广泛参与。

发展是人类社会永恒的主题，经济贸易是社会发展实践的主要动力和引擎。近年来，国际和地区形势复杂演变，冷战思维和集团政治回潮，国际贸易规则受到挑战，经济全球化遭遇逆流。上合组织各国国家安全、社会稳定和经济发展经受巨大考验，亟需深化多边合作，加强地区经贸往来。

上合示范区是上合组织框架内重要的多边合作项目。作为国际上唯一以推动上合组织国家地方间经贸合作为目标的园区，肩负着打造"一带一路"国际合作新平台，加强上合组织国家间互联互通，推动东西双向互济、陆海内外联动的开放格局的重要使命。启动建设以来，上合示范区不断推动和拓展国际物流、现代贸易、双向投资合作、商旅文化交流等领域双边和多边合作，为上合组织国家间地方经贸合作搭建新平台、开创新模式，为上合组织国家间深入开展地方经贸合作提供了中国方案，贡献了中国智慧。

上合组织秘书处将继续携手各成员国积极推动实施上合组织成员国元首理事会确定的合作倡议，支持上合示范区建设，充分依托和发挥上合示范区的平台作用，推动开展多元化的双多边地方经贸合作，扩大上合组织国家间经贸、投资、工业、交通、金融、能源、农业等领域合作，不断促进商品、资本、服务和技术的自由流通，促进上合组织地方经贸合作不断深化。

开放合作是历史潮流，互利共赢是人心所向。上合组织国家开放合作已经站在了第三个十年的新的历史起点。上合组织秘书处愿意与各成员国一道，大力弘扬"上海精神"，勇于面对国际风云变幻，牢牢把握时代潮流，不断加强团结合作，推动构建更加紧密的上海合作组织命运共同体，共同促进上合组织国家高质量发展，共同创造亚欧大陆的美好明天！

不忘初心 砥砺前行 走好新时代
上合示范区发展新征程

Stay True to Our Founding Mission and Forge Ahead on a New Journey for the Development of SCODA[①]

蔡先金 中共山东省委外事工作委员会办公室主任、
山东省人民对外友好协会会长

Cai Xianjin Director of the Office of Foreign Affairs Commission of CPC Shandong Provincial Committee, President of Shandong People's Association for Friendship with Foreign Countries

历史总在冲波逆折处更显瑰丽。上海合作组织成立20多年来，国际格局发生重大变化，世界百年未有之大变局加速演变。影响和平与发展的不确定因素正在增加，全球气候变化加剧、地缘政治紧张对立推动世界进入动荡变革期。从踏入全面建设小康社会的新的发展阶段到中华民族伟大复兴迈入不可逆转的历史进程，世界形势日新月异，两个大局相互激荡，但不变的始终是我们坚持走和平、发展、合作、共赢的人间正道。

上合组织是第一个在中国境内宣布成立，第一个以中国城市命名的

---

① 中国-上海合作组织地方经贸合作示范区，the China-SCO Local Economic and Trade Cooperation Demonstration Area，英文简称 SCODA。

国际组织。20多年来，上合组织伴随国际形势的曲折变化而发展壮大，坚守"上海精神"，坚持政治互信、维护地区稳定、谋求繁荣发展、共担国际道义，走过了光辉历程，打造了友好典范，成就了合作佳话。上合示范区的落地，是上合组织发展的必然逻辑，是中国坚持走和平发展道路的生动缩影。

上合示范区于2018年成立，时间虽不长，但却有独有的特质。上合示范区是一个多边合作的平台。二战以来，多边机制作用日渐凸显，在国际政治舞台发挥愈来愈重要的作用。上合示范区的运行为开展上合组织框架下的多边务实合作提供了重要实践平台，实现了上合示范区与上合组织的相互成就、相互促进。上合示范区是区域性与国际性统一的示范区，既面向上合组织国家，又借助青岛这一国际化大都市实现通达全球、联通世界，实现区域性与国际性的协同。上合示范区是经贸与其他领域多元融合的示范区。示范区既以国际物流、现代贸易、双向投资合作、商贸文化交流"四个中心"为主，又贯通教育、农业、金融等其他方面合作，是综合多元的大平台。上合示范区是梯次带动、逐级引领的示范区。上合示范区虽坐落于山东但不局限于山东，既引领全国的上合组织国家间地方经贸合作，更引领全球区域创新合作，作用上梯级上升，地位上逐级增强。从这个角度来说，上合示范区属于中国，属于上合组织及其成员国，更属于这个世界。

上合示范区的特殊性，决定了其与众不同的使命。苏轼在《思治论》中说："犯其至难而图其至远"，"夫事之行也有势，其成也有气"。在当下世界局势动荡变革、人类面临何去何从的历史关头，更需要上合示范区担起责任，挑起重担。上合示范区应成为构建人类命运共同体的新样板。更加突出"合作共赢"的主题主线，彰显"和平发展"的永恒魅力，突出"命运共同体"的鲜明导向，探索实现人类命运共同体的有效路径，打造"命运与共"的"上合样板"。上合示范区应成为上合组织国家区域合作的新支撑。上合组织国家经济、文化差异性大，"和羹之美，在于合异"，上合示范区应突出包容性，吸纳不同文化、吸引各方主体参与示范区建设，推动示范区成为促动上合组织区域务实合作、加强纽带联系的关键支柱。上合示范区应成为中国面向上合组织国家合作的新引擎。作为全国唯一的面向上合组织国家的地方经贸合作示范区，上合示范区应在全国发挥引领作用，带动全国的上合组织"热"，成为对上合组织国家合作的中心枢纽。上合示范区应成为山东融入新发展格局的新动力。山东正处于发展黄金期，依托东联日韩、西接欧亚的物流大通道，与上合组织国家合作潜力无穷、机遇无限。上合示范区更应勇挑大梁，提升开放能级，促动全省更好融入国际国内双循环，打开国际合作新空间。

自成立以来，上合示范区启动运营青岛·上合之珠国际博览中心，揭牌成立中国-上海合作组织经贸学院（简称上合组织经贸学院），开通中老国际班列（上合示范区—老挝万象），各方面建设持续打开新局面，走上新的发展征程。世界大势浩浩荡荡，唯抢抓机遇者独立潮头。机遇与挑战并存，压力与希望同在。期待上合示范区抓住当下机遇，在战略规划上谋先手，加强上合组织国家合作规律的研究，提出建设性、指引性的意见建议；探索发布上合组织国家合作景气指数和评估评价体系，当好上合组织国家合作的"智慧大脑"。在地方交往上建机制，加强上合组织国家地方交往，建立更多常态化工作机制，依托上合示范区聚焦国际组织、跨国企业、地方机构吸引建立分支机构或创立总部，成为地方合作实体的集聚高地。在经贸合作上落成果，针对性营造适合上合组织国家企业发展的营商环境，吸引各国到上合示范区投资兴业、落地发展，成为辐射各国发展的重要枢纽和开拓亚太合作的重要出海口。在多元交流上拓空间，用好上合组织经贸学院灯塔式项目，共同培育双方高素质合作人才；积极搭建农业、金融等合作平台，建立农产品交易中心、期货交易中心和人才交流中心，推动上合示范区承载功能进一步扩容。在园区联动上促融合，推动上合示范区与国内相关园区以及海外园区多区联动，实现优势互补、资源互通、信息共享，更好"引进来""走出去"，全面整合优化园区资源，达到"1+1>2"的效果。

新时代的大门已经开启，我们的道路洒满阳光。在构建人类命运共同体的旗帜引领下，上合组织历经时间淘洗，其发展动能更加澎湃、发展之路越走越宽。在开放包容、互利共赢的历史潮流推动下，上合示范区正处于最好发展时期，在新征程上大踏步向前。合作开拓未来，奋斗创造奇迹。我们更加坚信，上合组织和上合示范区的明天一定会更加美好！

团结协作　开放共赢　加快打造"一带一路"国际合作新平台

Unity and Cooperation, Openness and Win-win: Accelerate the Creation of a New Platform for International Cooperation under the Belt and Road Initiative

张新竹　青岛市委常委，上合示范区党工委书记、管委会主任

Zhang Xinzhu　Member of the Standing Committee of CPC Qingdao Committee, Secretary of the Party Working Committee, and Director of the Administrative Committee of SCODA

晨光熹微，朝暾初露。上合建设，崭露新貌。2022年9月14日至16日，上合组织成员国元首理事会第二十二次会议在乌兹别克斯坦撒马尔罕隆重举行。各成员国在本次峰会签署的《上海合作组织成员国元首理事会撒马尔罕宣言》中首次呼吁"有关国家利用青岛的中国－上合组织地方经贸合作示范区平台，进一步深化地方合作"，充分彰显了上合示范区获批建设以来国际影响力的大幅提升。

浩渺行无极，扬帆但信风。历史的长河波澜壮阔，开放的步伐坚定有力。2018年6月10日，国家主席习近平在上合组织成员国元首理事

会第十八次会议上宣布,"中国政府支持在青岛建设中国-上海合作组织地方经贸合作示范区",开启了上合组织国家地方经贸合作的新篇章。2019年7月24日和9月20日,中共中央全面深化改革委员会、国务院先后审议、批复了《中国-上海合作组织地方经贸合作示范区建设总体方案》(简称《总体方案》)。《总体方案》聚焦"更好发挥青岛在'一带一路'新亚欧大陆桥经济走廊建设和海上合作中的作用,加强我国同上合组织国家互联互通,着力推动东西双向互济、陆海内外联动的开放格局",拉开了上合示范区建设序幕。

  使命在肩,勇毅前行。上合示范区作为全国唯一一个与上合组织国家开展地方经贸合作的园区,承载着国际国内各界的关心支持,承担着打造"一带一路"国际合作新平台的重要特殊使命。按照省委、省政府"做实、做好、做美、做响"上合示范区和青岛市委、市政府"一核引领、全域联动"部署要求,我们坚持"上合策源、临空支持、胶州托底、全域联动",聚焦"搭平台、创模式、聚产业、强主体",目标越来越清晰、机制越来越完善、合力越来越强劲,各项工作呈现出加速起势的良好局面。

  时来易失,赴机在速。自成立以来,上合示范区深入贯彻落实习近平总书记"打造'一带一路'国际合作新平台"重要指示精神,牢牢扭住深化拓展与上合组织和"一带一路"沿线国家地方经贸合作这个根本原点,以国际物流、现代贸易、双向投资合作、商旅文交流发展"四个中心"和上合组织经贸学院为支撑和载体,将上合示范区建设成为面向和辐射上合组织与"一带一路"沿线国家的综合服务平台,为国际双多边框架下地方经贸合作提供场景、模式和范例。

  用众人之力,则无不胜也。我们聚焦"平台牵引、载体支撑",推动要素资源更加集聚。上合组织经贸学院正式挂牌并成立学院理事会,累计开展哈萨克斯坦跨境电商专班等109个培训班次、8900余人次的经贸培训。青岛·上合之珠国际博览中心建成投用,是全国唯一一个面向上合组织国家的综合展览中心、全国首个上合主题商业综合体、全国首个上合国家文化体验基地。全国首创的中国-上合组织地方经贸合作综合服务平台（简称上合经贸综服平台）上线运营，获海关总署支持挂牌国际贸易"单一窗口"，成为国家级平台重要组成部分，已入驻3300余家国内外企业。青岛国际能源交易中心加快推进，在"中国+中亚五国"产业与投资合作论坛能源合作分论坛上正式揭牌运营，未来将成为上合组织国际能源交易市场的重要平台。上合国际枢纽港被列入交通强国山东示范区青岛行动方案，成功获联合国批准国际港口代码"CNJZH"。

不日新者必日退。我们聚焦"模式创新、示范引领"，推动经贸成效更加凸显。累计推出56项制度创新案例，相关工作经验连续两年在中央全面深化改革委员会办公室改革工作简报刊发。全省首个空港型综合保税区——青岛空港综合保税区正式获批设立。开设上合示范区新疆分园，融合山东产业发展优势和新疆开放枢纽优势，构建鲁疆东西双枢纽联动发展格局。签发全国首份对韩国RCEP（《区域全面经济伙伴关系协定》）原产地证书、全省首份中国—新西兰自贸协定原产地声明，获评国家级服务业标准化试点，实现易货贸易首单突破，跨境电商贸易额翻两番、占青岛市跨境电商贸易额的60%以上。截至2022年底，累计开行中欧班列近3000列，29条国内国际班列线路通达上合组织和"一带一路"沿线23个国家53个城市，青岛正全力申建国家中欧班列集结中心示范工程。

与天下同利者，天下持之。我们聚焦"产能合作、赋能提效"，激发更加澎湃发展动力。上合组织产业链供应链论坛、上合组织友好城市论坛、"中国+中亚五国"产业与投资合作论坛等国家重大合作载体落户上合示范区。截至2022年底，组建国内首个面向上合组织国家的地方经贸代表团，赴俄罗斯、哈萨克斯坦、乌兹别克斯坦举办43场经贸交流活动，与外方签署8份合作协议。累计举办350余场国际交流活动，200多位上合组织国家驻华使节到访上合示范区。与乌兹别克斯坦鹏盛工业园、中白工业园等18个上合组织国家的39个园区和机构建立产业园区伙伴关系网络。大力发展国际能源、装备制造、生物医药、数字经济等特色产业，共引进上海电气风电装备产业园、中集全球冷链高新产业平台等总投资2000多亿元的70多个项目，总投资130亿元的海尔卡奥斯工业互联网项目开工建设，总投资45亿美元的瓜德尔港石油炼化项目加快推进。

活水源流随处满，东风花柳逐时新。我们聚焦"主体培育、政策供给"，促进产业生态更加完备。出台《中国－上海合作组织地方经贸合作示范区关于加快培育国际贸易竞争新优势的实施办法》（简称《实施办法》）等系列政策，截至2022年底，累计集聚各类贸易主体2000余家。上合控股集团获评AAA主体信用评级，成为长江以北地区首家AAA级县市级城投类公司。我们成功举办中国－上合组织国家金融合作与资本市场发展论坛、全球创投风投大会上合专场、金融支持上合示范区政策发布仪式等重大活动，发布"6+6"促进金融业健康发展政策措施和29条金融业奖补政策，"上合资本港"扬帆起航，挂牌成立上合跨境人民币服务中心，创新设立"上合·汇保通"资金池，试点总额度达2.5亿美元的两只QDLP（合格境内有限合伙人）[①]基金先后获批，总规模30亿元的省内首支海洋人才发展基金正式落户，为企业推进转型升级和开展经贸合作注入金融"活水"。上合"法智谷"涉外法律服务品牌获评全国智慧治理创新案例，商事法律服务质效显著提升。

风正潮平，自当扬帆破浪，任重道远，更需蹄疾步稳。面向未来，上合示范区将以党的二十大精神为指引，在山东省委和青岛市委的坚强领导下，加快将上合示范区建成与上合组织国家相关地方间双向投资贸易制度创新的试验区、企业创业兴业的聚集区、"一带一路"地方经贸合作的先行区，打造新时代对外开放新高地，稳步扩大规则、规制、管理、标准等制度型开放，全面"做实、做好、做美、做响"上合示范区，全力打造全国全省更高水平对外开放新引擎，为构建更加紧密的人类命运共同体贡献上合力量！

---

① 即符合条件的投资管理机构（基金管理企业）经批准，在境内发起设立基金，面向境内投资者（合格境内有限合伙人）募集资金，并将募得资金购汇或直接以人民币形式对境外投资标的进行投资的制度安排。

第二章

上合示范区：背景和意义

Chapter 2　SCODA: Background & Significance

第一节　上合示范区建立的时代背景

Part 1　The Historical Background of SCODA's Establishment

【内容提要】上合示范区是在上合组织发展进程中适应国际和地区形势以及组织发展任务而诞生的。世界逢百年未有之大变局，国际关系深度调整，世界发展面临诸多不确定性。乌克兰危机是百年未有之大变局蕴含的世界发展问题的集中反映，欧亚地区形势因此变得尤其复杂。上合组织框架内的全面合作是成员国应对百年变局的需要和有效途径。上合组织不仅要继续开展有效的安全合作，而且应该在务实合作领域中探索出更加有效的合作形式。上合示范区的建立是该组织务实合作领域的大事。示范区将在务实合作各领域，尤其是地方经贸合作领域中探索创新合作新形式、新模式、新机制，并根据务实合作需要逐步向上合组织成员国及观察员国和对话伙伴国推广，实现互利共赢、共同发展、共同繁荣的崇高目标。

Abstract: The China – SCO Local Economic and Trade Cooperation Demonstration Area (SCODA) was born in response to the international and regional situation and the organization's development tasks during the development of the SCO. With the world undergoing major changes unseen in a century and international relations being adjusted profoundly, the world development is facing multiple uncertainties. The Ukrainian crisis is a concentrated reflection of the world development problems inherent in the major changes unseen in a century, and the situation in the Eurasian region has become particularly complicated as a result. Comprehensive cooperation within the framework of the SCO remains an objective need and has been an effective way for member states to cope with the changes in the past century. The SCO should not only continue to carry out effective security cooperation, but also explore more effective forms in the field of practical cooperation. The establishment of the SCODA presents as a major event in the field of practical cooperation of the SCO. The SCODA will explore new forms, new models and new mechanisms of innovative cooperation in various fields of practical cooperation, especially in local economic and trade, and gradually promote the new ways of thinking to SCO member states, observer states and dialogue partners in light of the needs of practical cooperation, so as to achieve the lofty goal of mutual benefit and win – win results, common development and shared prosperity.

【关键词】百年变局；上合组织；欧亚形势；地方经贸合作

Keywords: changes unseen in a century, SCO, Eurasian situation, local economic and trade cooperation

【作者简介】李永全，国务院发展研究中心欧亚社会发展研究所所长，中国社会科学院大学中俄关系高等研究院教授，中国俄罗斯东欧中亚学会会长。

Author: Li Yongquan, Director of the Institute of Eurasian Social Development at the Development Research Center of the State Council, professor of the Institute for Advanced Study of Sino – Russian Relations at the University of Chinese Academy of Social Sciences, and President of Chinese Association for Russian, East European, and Central Asian Studies.

2018 年上合组织青岛峰会期间，中国国家主席习近平宣布：中国政府支持在青岛建设中国-上海合作组织地方经贸合作示范区。上合示范区是在复杂的历史条件下诞生的，肩负着重要历史使命。

一、世界逢百年未有之大变局

2017年年底，在驻外使节会议上，习近平总书记要求使节们深刻领会党的十九大精神和新时代中国特色社会主义思想，正确认识当今时代潮流和国际大势，深入推进中国特色大国外交。习近平总书记强调，中国特色社会主义进入了新时代。做好新时代外交工作，要深刻领会党的十九大精神，正确认识当今时代潮流和国际大势。放眼世界，我们面对的是百年未有之大变局。这是习近平总书记对新时期世界发展大势作出的精辟论述和判断，是我们了解所处时代和确定国际国内政策的基础。世界面临百年未有之变局，原有的世界体系、世界秩序正在经历深刻的变革。

这是与全球化同步的世界历史进程。全球化进程逐渐在经济领域模糊了国家边界的概念，使资本、商品、技术、市场和劳动力可以相对自由流动。效率和利润在这个过程的作用越来越大，而承担社会责任、关注社会公平的发展模式在这个进程中的竞争力逐渐减弱。在这种自由主义发展模式中，资本为了不断获取最大利润，大肆宣扬、鼓励、渲染甚至诱导消费，从而在很大程度上改变了人们的观念和习惯。这种发展模式导致财富不断积累，但是没有缩小社会差距、国家差距和地区差距，反而加剧了各国社会问题、南北问题和全球环境问题等的严重性。近些年世界上民粹主义浪潮的兴起皆源于此。

美国开始并推动了这个进程，因为它引领了全球技术革命，主导了几十年的全球化进程。科技革命带动了生产力的质变，全球化缩短了国家间的距离，科技革命和全球化开阔了人们的视野，改变了人们对一些基础观念的认知。全球化不仅使经济、科技、信息全球化，而且使利益也全球化了。这种进程的结果要求国际关系也应随之变化，要求国际秩序更加民主，更加公正。"美国优先"的理念已经落伍，遭到时代唾弃。但是，美国不想继续变化，因为这个进程显然在冲击以实力政策和"丛林法则"为基础的国际关系和秩序。一方面，美国等西方国家想维系过时的所谓的国际关系规则，另一方面，新兴经济体在倡导和践行新的国际关系准则。

二、欧亚国家积极应对世界形势的巨大变化

各国对世界历史进程的变化都不可能置身事外，都在根据各自对世界变化的理解制定应对战略。

俄罗斯开启了欧亚一体化进程，期冀利用欧亚一体化应对世界格局调整和变化，密切与地区国家的经济、人文和政治关系，借此恢复自己在欧亚的影响力。按照俄罗斯总统普京的构想，欧亚经济联盟将联合地区所有条件成熟的国家，建立紧密的经济和政治联系，建立统一的安全空间。普京总统明确表示，俄罗斯将与欧亚联盟国家一起成为多极世界的一极。俄罗斯主导的欧亚一体化及欧亚经济联盟进程受到整个西方世界的抵制。2014年爆发的乌克兰危机是俄罗斯与美西方在俄罗斯振兴及俄罗斯主导的一体化进程中博弈的结果。2015年1月1日，俄罗斯主导的由俄罗斯、白俄罗斯和哈萨克斯坦组成的欧亚经济联盟正式启动。同年，亚美尼亚和吉尔吉斯斯坦加入欧亚经济联盟。欧亚经济联盟所覆盖的领土面积达2000万平方千米，人口1.8亿，天然气储量占世界的20%，石油储量占15%。根据欧亚经济委员会统计，2016年经济联盟成员国间贸易总额为429.6亿美元，与第三方贸易总额达5093.7亿美元。除承诺保证商品、服务、资本和劳动力的自由流动，欧亚经济联盟成员国还将在一些关键的经济部门，如能源、工业、农业和运输等，协调彼此的政策，并建立药品和医疗设备共同市场。

欧亚经济联盟成立后，虽然遭遇全球经济危机的冲击，自身发展遇到一定的困难，但是对地区经济发展和区域经济一体化的影响是不言而

喻的。

俄罗斯在2016年提出大欧亚伙伴关系倡议。俄罗斯和欧亚经济联盟的发展离不开世界经济发展环境。发达国家在倡导制定新的、对自身有利的世界贸易规则，而俄罗斯被排除在外。虽然跨大西洋贸易与投资伙伴关系协定（TTIP）暂时对俄罗斯和欧亚经济联盟影响不大，但是俄罗斯作为一个大国和曾经的超级大国，不可能接受被排斥在制定世界经济规则的进程之外的现实。

在这种形势下，俄罗斯尝试独辟蹊径。此前已经提出过、尝试过各种合作模式，如戈尔巴乔夫时期的"统一欧洲大厦"构想、叶利钦执政初期的俄美蜜月关系、梅德韦杰夫时期的俄美关系"重启"等等。以往的地缘政治议题大都围绕俄罗斯与美西方的关系展开。2014年爆发的乌克兰危机使俄罗斯与整个西方的关系处于紧张状态。在这种情绪笼罩下，俄罗斯与西方改善关系是很难的。与此同时，俄罗斯也在反思和尝试新的外交思路，而大欧亚伙伴关系就是跳出了传统的、只以美西方为重点的对外政策思路。

大欧亚伙伴关系是俄罗斯提出的重要合作理念，也可以说是合作倡议。这个概念最早是学者谢·卡拉甘诺夫提出的。其重要思路是建设从里斯本到符拉迪沃斯托克的大欧亚伙伴关系。这个思路起初并没有引起学术界的重视，因为对于俄罗斯来说，最重要的是实现欧亚地区经济一体化。

大欧亚伙伴关系成为俄罗斯国家战略始于普京总统一系列讲话。2015年12月，普京总统在向联邦会议作的国情咨文中建议同欧亚经济联盟一起与上合组织和东盟成员国以及正在加入上合组织的国家就建立可能的经济伙伴关系进行磋商。[①] 2016年5月，普京在俄罗斯-东盟对话会议上表示，除了欧亚经济联盟与东盟建设自贸区外，另一个具有前景的区域经济一体化方向可能是欧亚经济联盟、东盟、上合组织和"一

[①] В. Путин, Послание Президента Федеральному Собранию. 3 декабря 2015 года. —http://www.kremlin.ru/events/president/news/50864.

带一路"倡议的对接，①还将讨论建立有欧亚经济联盟、东盟和上合组织参加的广泛的跨国伙伴关系。②此次会晤签署的"通向互利的战略伙伴关系"索契宣言明确提出正在研究东盟、欧亚经济联盟和上合组织之间互利合作的可能性，以及俄方提出的欧亚经济联盟与东盟建设全面自由贸易区的建议。2016年6月17日，普京在圣彼得堡国际经济论坛开幕式上发表讲话时明确提出建设大欧亚伙伴关系的倡议："建议考虑建设有欧亚经济联盟及与其有着紧密联系的中国、印度、巴基斯坦、伊朗以及我们的独联体伙伴和其他感兴趣的国家和组织参与的大欧亚伙伴关系。"③至此，俄罗斯大欧亚伙伴关系的基本轮廓逐渐清晰。

俄罗斯提出这个倡议有相当的基础。首先，欧亚经济联盟内的一体化程度已经非常高；其次，俄罗斯与东盟的合作已经初具规模且势头向好；最后，上合组织当时已经有18个参与者，其中成员国有8个。上合组织参与欧亚伙伴关系建设无疑会在其中发挥积极作用，也为欧亚伙伴关系的顺利发展提供重要保障。

中国在应对世界发展变化方面提出了"一带一路"倡议。2013年9月，中国国家主席习近平访问中亚期间，提出了与中亚国家共建"丝绸之路经济带"的建议，10月访问印尼期间又提出与东盟国家共建"21世纪海上丝绸之路"，最终"一带一路"倡议成为新时期中国政府的国际合作倡议。习近平主席说："这项倡议源于我对世界形势的观察和思考。"习近平主席指出，当今世界正处在大发展大变革大调整之中，面对挑战，各国都在探讨应对之策，也提出很多很好的发展战略和合作倡议。但是，在各国彼此依存、全球性挑战此起彼伏的今天，仅凭单个国

---

① Выступление В. Путина во встрече глав делегаций – участников саммита Россия – АСЕАН с представителями Делового форума. http：//russian – asean20. ru/transcripts/20160520/194566. html.

② Выступление В. Путина на торжественном приёме в честь глав делегаций – участников Саммита Россия – АСЕАН. http：//russian – asean20. ru/transcripts/20160519/169250. html.

③ Выступление В. Путина 17 июня 2016 года на пленарном заседании XX Петербургского международного экономического форума. http：//www. kremlin. ru/events/president/news/52178.

家的力量难以独善其身，也无法解决世界面临的问题。只有对接各国彼此政策，在全球更大范围内整合经济要素和发展资源，才能形成合力，促进世界和平安宁和共同发展。"一带一路"倡议就是要本着和平合作、开放包容、互学互鉴、互利共赢的丝路精神推进合作，共同开辟更加光明的前景。习近平主席说："这是发展的倡议、合作的倡议、开放的倡议，强调的是共商、共建、共享的平等互利方式。"[①]

除此以外，2014年时任哈萨克斯坦总统纳扎尔巴耶夫提出了"光明之路"新经济政策，把哈萨克斯坦发展战略与区域经济合作密切联系起来。蒙古国也在2014年提出"草原之路"计划，通过在基础设施方面密切与中俄的合作，振兴国家经济。

所有这些战略或构想都是欧亚国家应对世界变化的积极举措。这些战略构想有几个共同特点：第一，都坚持开放发展，而不是闭关锁国；第二，都强调基础设施互联互通的重要性，希望借此克服发展中的瓶颈；第三，都希望借助上合组织的平台实现战略目标；第四，这些战略或构想以及派生出的大项目都由政府主导。

综上所述，可以看出，"一带一路"倡议、欧亚经济联盟和大欧亚伙伴关系以及哈萨克斯坦提出的"光明之路"新经济政策和蒙古国的"草原之路"计划等是欧亚地区，即上合组织所辖地区有关国家根据自身情况提出的发展战略和合作倡议，既有民族特色的内容，也有地区和国家进程中的共性问题。

值得指出的是，欧亚地区国家这些战略、计划或倡议在互信、互利、平等、协商的基础上实现了发展战略对接合作，如"一带一路"倡议与欧亚经济联盟的对接合作成果是2018年双方签署的《中华人民共和国与欧亚经济联盟经贸合作协定》，"一带一路"倡议与大欧亚伙伴关系的对接合作目标是目前正在谈判的《欧亚经济伙伴关系协定》，而"一带一路"倡议、大欧亚伙伴关系与"草原之路"计划的对接合

---

① 《深化合作伙伴关系 共建亚洲美好家园》，人民网，2015年11月8日，http://politics.people.com.cn/n/2015/1108/c1024-27789612.html。

作是目前在建的中蒙俄经济走廊。

三、上合示范区应运而生

务实合作始终是上合组织合作的重要内容，但是目前合作潜力远没有被发掘出来，现实呼唤新的合作形式。

（一）务实合作历来是上合组织国家元首和政府首脑关注的重点问题

上合组织成立之初就对组织框架内务实合作提出了重要合作原则和重点领域。

2002年通过的《上海合作组织宪章》提出：支持和鼓励各种形式的区域经济合作，推动贸易和投资便利化，以逐步实现商品、资本、服务和技术自由流通；有效使用交通领域的现有基础设施，完善成员国的过境潜力，发展能源体系。

2003年9月，上合组织成员国政府首脑（总理）理事会第二次会议批准了《上海合作组织成员国多边经贸合作纲要》（简称《纲要》）。《纲要》提出了成员国多边经贸合作的基本目标和任务。《纲要》指出，支持和鼓励上合组织成员国经贸合作，发展有利经济联系，使各国经济重点领域生产和投资合作取得进展，并在此基础上增加相互贸易额，以提高居民生活水平。《纲要》还提出了上合组织经贸合作的长期、中期和短期目标，以指导成员国贸易顺利进行。长期目标（2020年前）包括：在互利基础上最大效益地利用区域资源，为贸易投资创造有利条件，以逐步实现货物、资本、服务和技术的自由流动。中期（2010年前）的目标是，共同努力制定稳定的、可预见和透明的规则和程序，在上合组织框架内实施贸易投资便利化，并以此为基础在《上海合作组织宪章》和2001年9月签署的《上海合作组织成员国政府间关于区域经济合作的基本目标和方向及启动贸易和投资便利化进程的备忘录》规定的领域内开展大规模多边经贸合作。短期内将积极推动贸易投资便利化进程。

与此同时，《纲要》确定了上合组织经贸合作的优先发展方向，包括：开展燃料和能源领域的合作，提高现有能源生产能力和能源网络的效益；在开发石油和天然气新产地及其加工方面开展互利合作；加深上合组织成员国在地质勘探研究领域的合作，开发矿产和原料资源。在使用现有运输基础设施领域开展合作，并对上合组织成员国境内运输和分拨服务市场的形成和运作所必须的运输体系进行现代化改造；共同利用上合组织成员国的过境运输潜力；在采用高级信息和电信技术、完善相应基础设施方面开展合作；实施本地区农业及农产品加工业的共同项目以及卫生领域合作和教育合作等等。

（二）务实合作成为中国与成员国发展互利双边关系的纽带

在上合组织20多年发展历程中，成立初期制定的多边经贸合作纲要、确定的合作领域和重点始终是上合组织务实合作借以参考和遵循的合作方向。20余年来，成员国间经贸合作给成员国带来普遍实惠，成为成员国经济发展的重要因素。

首先，中国与上合组织成员国之间的务实合作对地区国家和经济建设发挥了积极作用，促进了这些国家社会稳定和应对经济困难。中国与这些国家的经贸往来具有互补性，双方贸易额成数十倍增长。

其次，中国与成员国务实合作遵循互利共赢原则，与合作伙伴共同探讨发展战略对接利益契合点，不仅提高经贸合作规模，也大大改善了国家间关系，互信水平不断提高，促进了地区稳定与和谐发展。

（三）中国与周边国家和地区互联互通出现新局面

第一，欧亚地区能源基础设施联通得到实质性发展，从中哈石油管道到中土天然气管道的建设，到若干条中国－中亚天然气管道的开通，极大促进了中国能源进口多元化和中亚国家能源出口多元化。而中国与俄罗斯的能源合作不仅规模空间大，而且前景非常广阔。

第二，"一带一路"倡议提出后，中国与中亚交通基础设施联通不断改善地区物流状况，中吉乌公路、双西公路（中国西部－欧洲西部公路）的开通，中吉乌铁路建设规划的突破性进展，实现多渠道、多方向、多国联通的现实意义引起世界广泛关注。2014年签署的《上海合作组织成员国政府间国际道路运输便利化协定》具有重要意义。

第三，由于中国与上合组织国家新型国家关系和新型务实合作关系的确立，中国和中亚以及欧亚国家与欧洲的互联互通也得到改善，中欧班列的开通是最好的例证。中欧班列的运行不仅促进了沿线国家国际贸易的发展，也在疫情肆虐情况下为沿线国家经济和社会发展作出巨大贡献。

第四，上合组织扩员后地域更广，人口规模更大，潜力亟待挖掘。

但是，上合组织成员国务实合作还存在一些短板。由于成员国经济制度和决策机制方面的特点或差异，迄今为止的合作主要是政府主导和大项目带动，企业主导、市场引导的项目不多，从而使务实合作的规模和领域受到限制。经贸合作基础设施建设的滞后制约了地方经贸合作以及旅游等人文合作。

由于欧亚一体化在进行之中，在一些成员国看来，上合组织务实合作不能冲击欧亚一体化进程，因此在贸易便利化、金融合作和建立自贸区等问题上推进速度缓慢。

中国为推动上合组织务实合作采取了一系列措施，提出各种倡议，如倡议成立上合组织开发银行，支持成立上合组织能源俱乐部，对一些双边和多边合作项目给予各种支持。但是除国家指导和政府主导的大项目外，其他合作尤其是地方经贸合作始终没有推动起来。

2018年以前，中国与上合组织成员国地区经贸合作有几种实践形式：其一，与有边界接壤的国家，如俄罗斯、吉尔吉斯斯坦、哈萨克斯坦、塔吉克斯坦和巴基斯坦等国建立边界地区合作机制和各种经贸合作区，如在与俄罗斯接壤的边界地区建有满洲里中俄互市贸易区、黑河边境经济合作区以及绥芬河边境经济合作区，中国和哈萨克斯坦共同建设的霍尔果斯国际边境合作中心，中国和吉尔吉斯斯坦边界地区合作模式等等。其二，在境外建设经济贸易合作区，如中国在巴基斯坦建立的"海尔－鲁巴经济区"。其三，成员国之间建立友好城市以促进双边经贸合作，中国与上合组织成员国以及观察员国建立了上百个友好城市或姐妹城市。

发挥地方合作积极性，探索地方经贸合作创新形式是上合组织发展的需要，也是成员国的诉求。比如在几年时间里，几乎所有乌兹别克斯坦地方行政长官都到访过中国，寻找合作伙伴，发掘合作机会，探索合作形式。

上合示范区正是在这种形势下应运而生的。其目的是打造上合组织务实合作的新引擎，这是光荣而艰巨的任务。2018年上合组织青岛峰会上，中国国家主席习近平在发表演讲时郑重宣布：中国政府支持在青岛建设中国－上海合作组织地方经贸合作示范区。这是中国政府为推动上合组织经贸合作推出的又一重要举措。2019年5月商务部复函，支持青岛创建全国首个上合示范区。上合示范区按照"物流先导、跨境发展、贸易引领、产能合作"发展模式，积极探索与上合组织国家经贸合作模式创新，形成可复制可推广的上合组织地方经贸合作经验做法，全力打造面向上合组织国家的对外开放新高地。

上合示范区担负着成员国务实合作新引擎的使命。青岛，中国改革开放的前沿城市，具有对外开放的丰富经验，具备得天独厚的国际合作基础设施，青岛通过举办2018年上合组织国家元首理事会会议，进一步提高了其在上合组织成员国的影响力和知名度。

山东省委、省政府对建立上合示范区非常重视，在深入理解中央这项决策的精神的前提下，深入调研并请智库出谋划策。建立上合示范区的事业得到国家领导人和有关部门的高度重视与关心。只有集中集体智慧，汇集全国力量包括各行业专家学者的力量，同时吸收上合组织国家的智慧甚至资源，才能够不负使命。

四、上合示范区任重道远，合作潜力巨大

上合示范区的建立是上合组织发展进程中的大事，也是中国与上合组织成员国合作进程中的大事。概括而言，上合示范区本身富有多重含义和作用。

首先，这是中国的示范区，是中国作为上合组织成员国采取的促进经贸合作的国家措施，代表的是国家形象；其次，这是针对上合组织建设的示范区，不仅仅针对上合组织成员国，当然也包括观察员国甚至对话伙伴国；再次，这是针对上合组织各国地方开展的合作，而且这个地方不仅仅是边界地区，而且是广义的地方，甚至包括区域；从次，这是针对经贸合作开展的探索，而这里的经贸合作是广义的贸易，既包括普通商品贸易，也包括服务贸易等，是多领域多方位的经贸合作；最后，所谓示范区，不仅是向成员国展示贸易形式和机制体制，而是探索成员国间经贸合作的新模式、新机制、新形式、新领域，探索可以复制的经验，最终达到推动上合组织多边务实合作，造福于成员国人民。

之所以要建立上合示范区，是因为上合组织扩大务实合作面临许多瓶颈，而突破这些瓶颈的努力始终没有取得明显效果。务实合作的主要瓶颈是：各国经济管理和决策体制存在巨大差异，给政策协调带来困难；各国经济规模、经济结构、市场需求存在差异，不利于利益协调；如何使欧亚一体化与其他形式区域合作实现有效磨合还需做许多工作；大国博弈对区域合作的影响不可忽视，不好预测；各国政坛和市场上的腐败现象带来的风险；非传统安全风险等。

尽管如此，上合组织务实合作的巨大潜力仍然可以转变为巨大合作机遇和发展机遇。

上合组织撒马尔罕峰会上，伊朗签署加入上合组织的义务备忘录，

离成为正式成员国只有一步之遥，同时批准埃及、沙特、卡塔尔，同意巴林、马尔代夫、阿联酋、科威特、缅甸为新的对话伙伴国。目前上合组织已经有8个成员国，4个观察员国和14个对话伙伴国。上合组织所参与的国家覆盖超过地球面积四分之一，占世界人口一半以上，国内生产总值（GDP）总量接近全球四分之一。上合组织成立以来，成员国之间贸易不断发展。仅中国与上合组织其他成员国的贸易额20年来增长28倍，2021年达3433亿美元。[①] 上合组织成立之初，成员国贸易总额仅有6670亿美元，到2020年增加到6.06万亿美元。[②] 这个经济规模的发展对于成员国的吸引力是显而易见的，而且随着上合组织的不断扩大和成员国、观察员国及对话伙伴国之间相互了解的加深，经贸合作规模和质量必将继续扩大和提高。在此过程中，上合示范区探索出的创新合作模式和经验将发挥巨大作用。

上合组织在一系列领域的合作潜力是无可比拟的。第一，"一带一路"倡议给上合组织框架下的务实合作创造了前所未有的条件。中国在"一带一路"倡议的合作重点中，提出了"六廊六路多国多港"的合作框架。"六廊"是指新亚欧大陆桥经济走廊、中蒙俄经济走廊、中国－中亚－西亚经济走廊、中国－中南半岛经济走廊、中巴经济走廊和孟中印缅经济走廊。"六路"指铁路、公路、航运、航空、管道和空间综合信息网络，是基础设施互联互通的主要内容。"多国"是指一批先期合作国家。"六廊六路多国多港"中的"六廊"，其中的3条走廊经过中亚和独联体地区，5条走廊与上合组织有关。"六路"中的铁路、公路、航运、航空、管道也在欧亚地区。

第二，中国基建产能与欧亚地区基础设施的相对落后形成强势互补。"一带一路"倡议包含的设施联通就是要打通各国经贸合作中的基

---

① 《2021年中国与上合组织其他成员国贸易额为20年前的28倍》，《北京青年报》2022年9月16日。
② 《〈上海合作组织成立20年贸易发展报告〉出炉 全球贸易影响力持续增强》，中国新闻网，2022年2月16日，http：//www.chinanews.com/cj/2022/02－16/9678189.shtml。

础设施瓶颈，通过基础设施联通改善合作环境。这方面已经取得巨大成就。目前比较受关注的中国西部－欧洲西部公路（双西公路）、中吉乌公路、中吉乌铁路、乌兹别克斯坦安格连隧道、吉尔吉斯斯坦南北第二条公路隧道、塔吉克斯坦500千伏输变电项目等，都是发挥中国基建能力使有关国家的基础设施状况得到明显改善的例子。

第三，能源合作会成为上合组织务实合作的亮点。目前中国与欧亚地区能源合作已经取得显著成果，如中国－中亚天然气管道、在建的D线管道、中俄石油管道和天然气管道等。

上合组织能源合作的前景广阔且潜力非常大，合作领域不仅仅在能源买卖和能源技术交流方面，在能源交易支付手段、保证市场稳定和参与者利益方面也有巨大空间。但是，上合组织能源合作面临若干问题，其中之一是没有相应的组织机构协调政策和行动。当今世界上有两个能源组织，即能源消费国组织——国际能源署和石油输出国组织——欧佩克。可以说，无论一个国家的能源储量或产量如何，没有国际组织支撑就没有足够的话语权和市场影响力。上合组织所涵盖的地区，其人口规模、经济规模、能源产量和市场消费水平，绝不亚于欧佩克和国际能源署所涵盖的国家。因此，上合组织应该在国际能源合作领域增加话语权和影响力，必须团结起来，协调政策，稳定市场，在能源交易中科学改进结算方式，提高能源安全水平。

旅游业是当今世界上最具发展潜力的行业之一。根据"一带一路"倡议研究提供的有关数据，"一带一路"沿线65个国家拥有近500项世界自然和文化遗产，该区域国际旅游总量占全球旅游70%以上。[①] 根据中国国家统计局数据，2019年，中国全国旅游及相关产业增加值为44989亿元，占国内总产值的4.56%。[②]"一带一路"倡议提出后，据

[①] 李永全主编：《"一带一路"建设发展报告》（2018），社会科学文献出版社2018年版，第198—199页。

[②] 《2019年全国旅游及相关产业增加值44989亿元》，国家统计局网站，2020年12月31日，https://www.stats.gov.cn/sj/zxfb/202302/t20230203_1900953.html。

不完全统计，仅 2016 年单个年份，中国与"一带一路"倡议参与国家之间就有 3400 万人次的游客往来，其中中国为"一带一路"倡议参与国家贡献了 2400 万人次的出境游客，同时吸纳了将近 1000 万人次的入境游客到访。"十三五"期间，中国在"一带一路"沿线国家和地区的旅游消费超过 2000 亿美元。[①] 上合组织所涵盖的国家和地区，旅游资源也十分丰富。这个地区具有悠久历史和不同文明与文化，自然风光和人文景观对游客具有极大吸引力。对于上合组织国家来说，共享旅游资源、共建旅游经济的实践，在某种意义上更具有现实意义。旅游不仅带来巨额收入，也在加深各国人民之间的相互了解和友谊。当旅游成为一个国家的形象载体，它的作用会远远超过商品、服务甚至文化、艺术，因为这是普通大众的交往和交流，是人与自然、人与不同文化的亲近……正因为如此，旅游业完全可以成为上合组织框架内务实合作的重点领域。上合组织框架内旅游资源特色鲜明，这里聚集人类文明的精华，保存大量享誉世界的历史遗迹。2022 年上合组织峰会举办地撒马尔罕就是一座具有千年历史的文化古城。

但是，上合组织框架下旅游合作资源需要深度挖掘。首先，成员国及其他有关国家的旅游资源并没有被合作伙伴充分了解，需要共同加大宣传力度；其次，在很多情况下，尤其对于中亚国家而言，一国的旅游资源不足以支撑单独的旅游线路，需要整合地区资源，形成区位和综合优势。比如，哈萨克斯坦、吉尔吉斯斯坦、乌兹别克斯坦，任何国家单独的旅游线路都不会对规模性旅游团队有吸引力，而如果把三个国家的旅游资源整合起来，把自然风光、历史文化遗迹和现代休闲活动结合起来，则中亚旅游业魅力无穷；最后，旅游基础设施建设与完善将带来巨大经济效益。上合组织某些国家旅游基础设施不够完善，形成发展旅游业的瓶颈，严重影响旅游业的开展。消除这个瓶颈的过程就是合作机遇与效益。上合示范区可以在这方面发挥探索、实践与示范作用。

---

① 王嘉珮：《描绘国际交流与合作新蓝图　推动"一带一路"文旅融合发展》，《中国旅游报》2021 年 7 月 20 日。

上合组织撒马尔罕峰会批准《〈上合组织成员国长期睦邻友好合作条约〉实施纲要（2023—2027年）》，中国国家主席习近平在会发表题为《把握时代潮流，加强团结合作，共创美好未来》的重要讲话。这篇讲话对上合组织20余年发展历程和成功经验做了经典概括和总结。习近平主席对上合组织发展经验的总结概括为"五个坚持"，即"坚持政治互信，坚持互利合作，坚持平等相待，坚持开放包容，坚持公平正义"。这五点经验充分体现了互信、互利、平等、协商、尊重多样文明、谋求共同发展的"上海精神"。这是上合组织成功的密码。与此同时，习近平主席也对上合组织未来使命和成员国合作阐述一系列重要思想，尤其建议落实好峰会框架内通过的贸易和投资、基础设施建设、维护供应链、科技创新、人工智能等领域合作文件，继续加强共建"一带一路"倡议同各国发展战略和地区合作倡议对接，拓展小多边和次区域合作，打造更多合作增长点。[1]

上合示范区是在时代任务和使命的呼唤中诞生的。完成这个使命是光荣的，也面临一系列挑战，但是只要集思广益，认真调研，精心设计，扎实推进，成功指日可待！

---

[1]《习近平在上海合作组织成员国元首理事会第二十二次会议上的讲话（全文）》，新华网，2022年9月16日，http://www.news.cn/politics/leaders/2022-09/16/c_1129008994.htm。

第二节 上合示范区建立的战略意义

Part 2　The Strategic Significance of SCODA's Establishment

【内容提要】 建立上合示范区是中国为促进上合组织经贸合作贡献的新智慧、新方案，是中国推动上合组织经济合作的新方式，旨在破解制约上合组织经济合作的结构性难题，引领上合组织走上良性发展之路。同时更重要的是，倡建上合示范区是中国推动构建上合组织命运共同体宏大计划不可分割的有机组成部分，是中国推进构建上合组织发展共同体的重要举措之一，目的就是要探索上合组织务实合作的新路径，夯实构建上合组织命运共同体的物质基础。上合示范区的建立和运行有利于突破制约上合组织经济合作的结构性难题，为构建上合组织命运共同体创造必要前提；有利于突破现有决策机制的束缚，先行先试，逐渐形成可复制、可推广的示范性经验，为构建上合组织发展共同体树立样板；有利于中国发挥自身优势，始终保持对上合组织经济合作的引领作用，确保构建上合组织命运共同体行稳致远。

Abstract: The establishment of the China – SCO Local Economic and Trade Cooperation Demonstration Area (SCODA) is the new insight and plan contributed by China to promote the economic and trade cooperation of the Shanghai Cooperation Organization. It is a new way for China to foster the economic cooperation of the Shanghai Cooperation Organization. The founding of SCODA aims to solve the structural problems that constrain the advancement of economic cooperation made by SCO, staying on the right development path. More importantly, establishing the SCODA is an essential part of

China's grand plan to promote the construction of the SCO Community of Shared Future, and it is one of China's important measures to promote the construction of the SCO Community of Common Development, leading to a new path for practical cooperation within the SCO, and laying a solid material foundation for building a community with a shared future for the SCO. The establishment and operation of the SCODA is conducive to breaking through the structural difficulties that restrict the economic cooperation of the SCO and creating prerequisites for the construction of the SCO community of shared future, is conducive to cultivating demonstrative experience that can be replicated and promoted as a model for the construction of the SCO Community of Common Development, and conducive to China's efforts to play its own advantages to maintain a leading role in the economic cooperation of the SCO to ensure the steady and long-term progress of building the SCO community with a shared future.

【关键词】示范区；经济合作；新方式；初心；战略意义

Keywords: SCODA, economic cooperation, new way, original aspiration, strategic significance

【作者简介】邓浩，中国上合组织研究中心秘书长，中国国际问题研究院研究员。

Author: Deng Hao, Secretary-General of China Center for the SCO Studies, and Senior Research Fellow of China Institute of International Studies.

建立上合示范区是习近平主席在 2018 年上合组织青岛峰会上郑重提出的重要倡议，是中国作为峰会主办国为促进上合组织经贸合作贡献的重要中国智慧和中国方案，也是中方为贯彻落实习近平主席在青岛峰会上提出的构建上合组织命运共同体重大倡议的重要举措，彰显中国对实现上合组织成员国共同发展的大国担当和责任，不仅为破解上合组织经贸合作难题提供了新路径、新希望，也为上合组织命运共同体之发展共同体建设提供了重要实践平台和有益经验。

一、建立上合示范区是中国推进上合组织经贸合作的新方式

上合组织是中国作为创始国参与创建的第一个区域性国际组织。20多年来，中国始终把经济合作看作是上合组织发展的物质基础和实现地区长治久安的重要保障，并发挥自身优势，竭尽全力推动上合组织务实合作不断前行。作为上合组织经济合作的积极倡议者、热心推动者和不懈践行者，中国为上合组织区域合作作出了重要贡献。可以说，中国倡建上合示范区体现了中国一贯支持上合组织区域合作的积极态度，标志着中国推动上合组织经济合作迈上一个新境界。

从中国 20 多年推动上合组织经济合作的历史进程看，在上合示范区提出之前，中国主要是通过以下两种方式推动上合组织区域合作：

第一，提出一系列发展倡议和设想，积极引领上合组织经济合作，为上合组织经贸合作指明发展目标和前进方向。首先，及时提出开展经济合作，使之与安全合作一同成为推动上合组织发展的共同支柱。早在"上海五国"时期，中国就根据时代潮流和各国现实需要率先提出要推进地区经济的合作与发展。1998 年 7 月，时任中国国家主席江泽民在"上海五国"元首第三次会晤时指出："中国愿本着互利互惠、讲求实效的原则，积极发展我们之间的经济合作。"[①] 在 1999 年 8 月"上海五国"第四次元首会议上，江泽民主席率先提出"继续推进地区经济合

---

① 外交部欧亚司编：《顺应时代潮流、弘扬"上海精神"：上海合作组织文选集》，世界知识出版社 2002 年版，第 242 页。

作与发展"的主张。① 在 2000 年"上海五国"第五次也是最后一次峰会上，江泽民指出："要充实和完善'上海五国'机制，使其成为多层次、多领域的会晤机制，并逐步发展成为五国合作机制，推动双边和多边经贸合作。"② 2001 年上合组织成立后，中国领导人进一步倡导开展经贸合作。2002 年，在上合组织第二次峰会上，中国国家主席江泽民在讲话中明确指出："安全与经贸合作相辅相成，相互促进，是推动区域合作与上合组织发展的两个轮子。要抓住这两个重点，促进和带动其他领域的友好合作逐步展开。"③ 正是在中方的积极倡导下，上合组织在成立宣言中就明确提出要开展经贸合作，并在上合组织第一次总理会议上通过了《上海合作组织成员国政府间关于区域经济合作的基本目标和方向及启动贸易和投资便利化进程的备忘录》，明确上合组织在开展安全合作的同时必须开展经贸合作。其次，着力推动地区贸易投资便利化进程。早在上合组织成立之初，中方就提出了启动贸易投资便利化进程的倡议，并得到成员国认可写入上合组织成立宣言。2003 年，中方提出了区域经济合作"三步走"发展战略目标，即短期内推动贸易投资便利化进程；中期内（2010 年前）开展大规模多边经贸合作；长期内（2020 年前）逐步实现货物、资本、服务和技术的自由流通。这一倡议被上合组织采纳并写入 2003 年上合组织总理会议批准的《上海合作组织成员国多边经贸合作纲要》中，并成为上合组织区域合作的发展目标。在中方积极倡导和推动下，上合组织于 2007 年和 2014 年签署了《上海合作组织成员国政府海关合作与互助协定》《上海合作组织成员国政府间国际道路运输便利化协定》，在贸易和交通便利化上迈出积极步伐。中方还积极倡议成员国商签《上海合作组织贸易便利化协定》，

---

① 外交部欧亚司编：《顺应时代潮流、弘扬"上海精神"：上海合作组织文选集》，世界知识出版社 2002 年版，第 249 页。
② 外交部欧亚司编：《顺应时代潮流、弘扬"上海精神"：上海合作组织文选集》，世界知识出版社 2002 年版，第 256 页。
③ 《江泽民在上海合作组织峰会上发表重要讲话（全文）》，中国新闻网，2002 年 6 月 7 日，https://www.chinanews.com.cn/2002-06-07/26/192906.html。

积极推进上合组织贸易投资便利化合作制度建设。最后，加强"一带一路"倡议下的合作。2012 年，中方率先提出在未来十年把实现本组织区域内基础设施互联互通作为务实合作的首要目标。2013 年，中国国家主席习近平在哈萨克斯坦首次提出了建设"丝绸之路经济带"的倡议。此后，各相关成员国就共建"一带一路"倡议达成共识，并写入上合组织峰会宣言，标志着上合组织区域合作进入与"一带一路"倡议融合发展新阶段。"一带一路"倡议下的基础设施建设、互联互通、国际产能合作、贸易投资便利化等优先方向，为上合组织功能优化提供了抓手，为区域合作注入了新动力。

第二，提供大量资金，积极支持上合组织务实合作，推动经贸合作稳步前行。中国不仅是上合组织经济合作的积极倡导者，更是上合组织务实合作的有力推动者和贡献方，中国迄今对上合组织累计投资达 850 亿美元，成为上合组织最大的金融支持者。在上合组织第四次峰会上，中国表示会向其他成员国提供 9 亿美元优惠出口买方信贷。此后，在历次峰会上，中方宣布提供不同数额的资金，包括无偿援助、优惠贷款、优惠买方信贷、建立专项基金等，用于推动上合组织经济领域共同项目的实施。截至 2018 年 6 月，中国国家开发银行累计向成员国发放贷款超过 1000 亿美元，并于 2018 年在上合组织银联体框架内设立 300 亿元人民币等值专项贷款，并在 2021 年启动二期专项贷款。为确保上合组织经济合作可持续进行，中国一直积极倡导建立上合组织金融机构。2005 年，与俄罗斯共同发起建立了上合组织银联体。同时，提出建立上合组织发展基金，设立上合组织经济合作专门账户，成立上合组织开发银行，积极探索多种融资方式，为上合组织经济合作项目寻找金融支持。中国还倡议并出资主办了上合组织成员国多项人力资源交流、培训活动。从 2006 年上合组织峰会起，中方拨出专项资金，启动实施"中国－上合组织人力资源开发合作计划"，为其他成员国培训不同领域的管理和专业人才。为推动上合组织贸易投资便利化进程，中国政府拨出专项资金，为成员国培训 1000 名贸易便利化专项人才。截至 2020 年底，中国为上合组织各成员国培训人员近万人次。2022年9月，习近平主席在上合组织成员国元首理事会第二十二次会议上宣布，中国未来三年将为本组织提供5000个人力资源培训名额。①

2018年6月，习近平主席在上合组织成员国元首理事会第十八次会议上提出建设上合示范区，这是中国主动提出的推动上合组织经贸合作的新举措，旨在探索适合成员国合作的新路径，标志着中国推动上合组织区域合作进入一个新境界。自2018年以来，建立示范区或示范项目逐渐成为中国推动上合组织务实合作的重要方式。2019年，习近平主席在上合组织成员国元首理事会第十九次会议讲话时上提出，中方将在陕西杨凌建立中国-上合组织农业技术交流培训示范基地，以加强与地区国家的现代农业合作。2020年10月，在中国和其他成员国的通力合作下，中国-上合组织农业技术交流培训示范基地在陕西杨凌正式揭牌。这是成员国协商一致的多边经贸合作平台，标志着中国倡议成功地转变为成员国的集体共识，充分显示了示范区路径的有效性和生命力，表明建立示范区不失为推动上合组织区域合作的一条有效途径。目前，中国正在筹建多个上合示范区项目，以期探索新型合作模式，在积累经验的基础上向上合组织区域推广应用。2022年，习近平主席在上合组织撒马尔罕峰会上郑重宣布，中国将建立中国-上合组织大数据合作中心、中国-上合组织冰雪体育示范区。②

中国提出建设上合示范区是着眼于突破上合组织经济合作瓶颈的创新之举，对上合组织区域合作行稳致远具有重要现实意义和探索价值。

众所周知，上合组织成立以来，在经济合作上坚持互利共赢原则，积极推进贸易和投资便利化进程，不断完善区域经济合作制度安排，逐步深化各领域务实合作，开创了区域合作新局面。20多年来，上合组

---

① 《习近平在上海合作组织成员国元首理事会第二十一次会议上的讲话（全文）》，中国政府网，2021年9月17日，http://www.gov.cn/xinwen/2021-09/17/content_5638055.htm。

② 《习近平在上海合作组织成员国元首理事会第二十一次会议上的讲话（全文）》，中国政府网，2021年9月17日，http://www.gov.cn/xinwen/2021-09/17/content_5638055.htm。

织在经贸领域已建立多层次的合作机制和比较完备的法律体系，建立了元首会议、总理会议、经贸部长会议等主要会议机制，并成立了经贸高官委员会和覆盖海关、电子商务、投资促进、过境运输潜力、贸易便利化、现代信息和电信技术六个工作组，还建立了实业家委员会和银联体。迄今，上合组织共通过 200 多份经贸合作文件。2019 年，上合组织总理会议批准了新版《上海合作组织成员国多边经贸合作纲要》，确定到 2035 年逐渐实现本组织内货物、资本、服务和技术的自由流通，从而奠定了上合组织经济合作的法律基础，指明了上合组织经贸合作的方向和目标。20 多年来，上合组织经贸合作取得重要成果。2021 年，成员国外贸总额达 6.6 万亿美元，比成立之初增长 100 多倍；中国与其他成员国贸易额达 3433 亿美元，比成立之初增长 28 倍。同时，在成员国共同努力下，上合组织区域服务贸易实现跨越式发展，跨境运输、旅游、教育、医疗和金融服务成为新的增长点；贸易便利化、贸易投资环境、互联互通等也明显改善。2019 年，部分成员国的跨境贸易指数在全球的排名由 2007 年居于末位升至中等甚至中上水平。目前上合组织区域内已初步形成涵盖公路、铁路、油气和通信的复合型基础设施网络。

在充分肯定上合组织经济合作取得积极进展的同时，必须清醒地认识到，与政治、安全合作相比，上合组织经济领域的多边合作仍明显滞后，成员国之间蕴藏的巨大经济合作潜力尚未得到充分挖掘和释放，经济合作的现状与成员国的预期还有距离。造成这一状况的原因是多方面的，其中不少是结构性的，很难在短期内得到根本改观。

显而易见，经过 20 年的发展，上合组织的经济合作已步入一个瓶颈期，如何排除困难，突破制约无疑成为上合组织区域合作的当务之急。正是在这一背景下，中国有的放矢，提出建立上合示范区，明显是要另辟蹊径，意在闯出一条新路，破解制约上合组织经济合作的结构性难题，引领上合组织区域合作走上康庄大道。可以说，建立上合示范区是中国为新形势下上合组织突破发展瓶颈贡献的中国智慧和中国方案，显示了中国对规避、破解上合组织合作结构性难题的可贵探索精神，展现出新型合作模式的雏形。

二、构建上合组织命运共同体是上合示范区建立的初心

2018年上合组织青岛峰会在上合组织发展史上占有重要位置，它是上合组织扩员后举行的首次峰会，确立了新时期上合组织的发展方向和奋斗目标，堪称上合组织发展进程中的一座新的里程碑，对上合组织具有领航定向作用。正是在青岛峰会上，习近平主席郑重提出了构建上合组织命运共同体的重大倡议。这是中国为扩员后的上合组织发展贡献的重要中国智慧和中国方案，旗帜鲜明地回答了扩员后上合组织向何处去这一攸关上合组织前途命运的重大问题。习近平主席在青岛峰会上指出："我们要继续在'上海精神'指引下，同舟共济，精诚合作，齐心协力构建上海合作组织命运共同体，推动建设新型国际关系，携手迈向持久和平、普遍安全、共同繁荣、开放包容、清洁美丽的世界。"① 为此，习近平主席提出了五大建议，即凝聚团结互信的强大力量、筑牢和平安全的共同基础、打造共同繁荣的强劲引擎、拉紧人文交流合作的共同纽带、共同拓展国际合作的伙伴网络。建立上合示范区就是习近平主席提出的打造共同发展强劲引擎建议中的重要内容。显而易见，习近平主席是在构建上合组织命运共同体这一重大倡议背景下提出建立上合示范区的，从而赋予其宏大的历史使命，使之从提出伊始便与构建上合组织命运共同体目标紧密地联系在一起，成为中方推动上合组织命运共同体建设的重要举措之一，体现了中方推进上合组织命运共同体建设的切实担当。可以说，构建上合组织命运共同体就是上合示范区建立的初心所在，既

---

① 《习近平在上海合作组织成员国元首理事会第十八次会议上的讲话（全文）》，中国新闻网，2018年6月10日，https：//www.chinanews.com.cn/gn/2018/06-10/8534535.shtml。

是上合示范区建立的出发点,也是上合示范区发展的最终归宿。

　　构建上合组织命运共同体是习近平外交思想在上合组织的集中体现,是习近平总书记坚持推动构建人类命运共同体主张与上合组织实际紧密结合、有机融合的产物,是中国为新时期上合组织发展贡献的新理念、新方案、新智慧的集大成者。2014 年,习近平主席在杜尚别上合组织第十四次峰会上提出命运共同体理念,指出上合组织要"牢固树立同舟共济、荣辱与共的命运共同体、利益共同体意识"。[1] 2018 年,习近平主席在青岛上合组织第十八次峰会上郑重提出构建上合组织命运共同体重大倡议,把命运共同体理念与上合组织紧密地凝结在一起,指明了扩员后上合组织的奋斗目标和前进方向,旗帜鲜明地回答了上合组织向何处去这一时代之问。[2] 在青岛峰会上,习近平主席创造性地提出弘扬"上海精神"的"新五观",即创新、绿色、协调、开放、共享的发展观,共同、综合、合作、可持续的安全观,开放、融通、互利、共赢的合作观,平等、互鉴、对话、包容的文明观,共商、共建、共享的全球治理观,不仅为"上海精神"注入新的时代内涵,也为构建上合组织命运共同体提供了系统性、理论化的指导思想和根本遵循。近年来,习近平主席相继提出要把上合组织打造成团结互信、安危共担、互利共赢、包容互鉴的典范;[3] 要构建卫生健康、安全、发展、人文共同体;[4] 要走团结合作、安危共担、合作共赢、包容互鉴、公平正义之路,[5] 从而明

---

[1] 《习近平在上海合作组织成员国元首理事会第十四次会议上的讲话(全文)》,新华网,2014 年 9 月 12 日,http://www.xinhuanet.com/world/2014-09/12/c_1112464703.htm。

[2] 《习近平:弘扬"上海精神",破解时代难题》,新华网,2018 年 6 月 10 日,http://www.xinhuanet.com/world/2018-06/10/c_129891242.htm。

[3] 《习近平主席在上海合作组织成员国元首理事会第十九次会议上的讲话(全文)》,新华网,2019 年 6 月 14 日,http://www.xinhuanet.com/politics/leaders/2019-06/14/c_112425213.htm。

[4] 《习近平在上海合作组织成员国元首理事会第二十次会议上的讲话(全文)》,新华网,2020 年 11 月 10 日,http://www.xinhuanet.com/politics/leaders/2020-11/10/c_1126723118.htm。

[5] 《习近平在上海合作组织成员国元首理事会第二十一次会议上的讲话(全文)》,中国政府网,2021 年 9 月 17 日,http://www.gov.cn/xinwen/2021-09/17/content_5638055.htm。

确回答了"构建一个什么样的上合组织命运共同体"的问题，指明了构建上合组织命运共同体的目标和任务，使上合组织命运共同体理念更加系统化，构成一个具有内在联系的全面完整的价值链。"新五观""四个典范""四个共同体""五条路"一脉相承，环环相扣，层层递进，体现了习近平主席关于构建上合组织命运共同体倡议的基本要义和精神内涵。

习近平主席关于在上合组织构建人类命运共同体的思想符合时代潮流，契合地区治理现实需要和上合组织自身发展的内在要求，得到上合组织成员国的高度认同。2017年上合组织成员国元首理事会阿斯塔纳宣言首次提出要构建人类命运共同体。[①] 2018年上合组织成员国元首理事会青岛宣言指出，要推动建设相互尊重、公平正义、合作共赢的新型国际关系，确立构建人类命运共同体的共同理念。[②] 2019年上合组织成员国元首理事会比什凯克宣言强调，推动建设相互尊重、公平正义、合作共赢的新型国际关系，形成构建人类命运共同体的共同理念。2020年《上海合作组织成员国元首理事会莫斯科宣言》重申，倡议推动建设相互尊重、公平正义、合作共赢的新型国际关系，形成构建人类命运共同体的共同理念具有重要现实意义。[③] 2021年上合组织杜尚别二十周年宣言指出：倡议推动构建相互尊重、公平正义、合作共赢的新型国家关系，形成构建人类命运共同体的共同理念具有重要现实意义。[④]

习近平主席在上合组织中提出命运共同体理念以来，中国一直积极主动地不断贡献中国力量，彰显应有的中国担当，为构建上合组织命运共同体进行了可贵的探索，积累了宝贵经验。安全上，中国积极倡导并

[①] 《上海合作组织成员国元首阿斯塔纳宣言（全文）》，人民网，2017年6月9日，http://politics.people.com.cn/n1/2017/0609/c1001-29330638.html。

[②] 《上海合作组织成员国元首理事会青岛宣言（全文）》新华网，2018年6月11日，http://www.xinhuanet.com/2018-06/11/c_1122964988.htm?agt=5757。

[③] 《上海合作组织成员国元首理事会莫斯科宣言》，新华网，2020年11月11日，http://www.xinhuanet.com/2020-11/11/c_1126723429.htm。

[④] 《上海合作组织二十周年杜尚别宣言（全文）》，中华人民共和国外交部网站，2021年9月18日，http://russiaembassy.fmprc.gov.cn/web/zyxw/202109/t20210918_9604461.shtml。

践行共同、综合、合作、可持续的新型安全观，推动订立《上海合作组织反极端主义公约》，建立中国－上合组织司法交流合作培训基地，主办网络反恐演习，积极推动构建上合组织安全共同体；经济上，中国先后在山东青岛建设中国－上合组织地方经贸合作示范区和中国－上合组织技术转移中心，在陕西杨凌建立中国－上合组织农业技术交流培训示范基地，并在上合组织银联体框架内设立 300 亿元人民币等值专项贷款，积极探索构建上合组织发展共同体；人文上，成立中国上合组织睦邻友好合作委员会，组建中国－上合组织地学研究中心，举办上合组织青年交流营，向成员国提供大量来华留学政府奖学金，建立中国－上合组织环保信息共享平台和中国－上合组织青年交流中心，启动上合组织科技伙伴计划，建立中国－上合组织地方卫生健康合作示范区，以有力举措推动构建上合组织人文共同体。

由上可见，倡建上合示范区是中国推动构建上合组织命运共同体宏大计划不可分割的有机组成部分，是中国推进构建上合组织发展共同体的重要举措之一，目的就是要探索上合组织务实合作的新路径，夯实构建上合组织命运共同体的物质基础，促进上合组织命运共同体建设向前发展。可以说，构建上合组织命运共同体是上合示范区建设的真谛和目标所在。

三、上合示范区对构建上合组织命运共同体的意义和作用

上合示范区是中国为推动上合组织命运共同体经济合作提出的重要举措，是对构建上合组织发展共同体的有益探索，对推进上合组织命运共同体建设具有积极意义和多重作用。

第一，有利于突破制约上合组织经济合作的结构性难题，为构建上合组织命运共同体创造必要前提。

多样化、差异性突出是上合组织的基本特点，也是上合组织发展面临的重大难题。在上合组织中，有中小成员国，也有俄罗斯、印度这样的新兴经济体。各成员国之间在经济实力、发展战略和对区域合作的诉求和目标上不尽相同，导致上合组织多边经济合作面临较多困难。在此背景下，如果继续墨守成规，不解放思想走创新之路，上合组织经济合作就难以走出困境，很可能陷入恶性循环。正是基于此，中国提出建立上合示范区，显然意在以创新思维化解和消除制约上合组织经济合作的结构性障碍，走出一条合作共赢的新路。2019年10月29日商务部发布的《总体方案》明确要求，上合示范区要深度融合"一带一路"倡议，建成"一带一路"地方经贸合作的先行区。[1] 国务院在对《总体方案》的批复中进一步指出，上合示范区要成为"一带一路"国际合作新平台。[2] 清晰地指明了上合示范区的发展方向和目标，表明上合示范区将秉持"一带一路"新理念，立志走出一条"一带一路"引领上合组织高质量发展的新路。而"一带一路"倡议正是中国为破解上合组织发展难题提供的中国药方，对于化解制约上合组织区域合作的结构性难题、构建上合组织命运共同体具有积极作用。

首先，"一带一路"是中国提出的一项重大的国际合作倡议，为弘扬"上海精神"，构建上合组织命运共同体提供了必不可少的实践平台，是上合组织命运共同体建设的强大推进器。"一带一路"倡议聚焦上合组织成员国普遍关注的发展问题，积极践行共商共建共享原则，倡导开放、绿色、廉洁理念，提出高标准、惠民生、可持续目标，为构建上合组织命运共同体提供了重要动力，有助于激发上合组织潜力和活力，补足上合组织合作短板，为上合组织命运共同体奠定坚实的物质基础。

---

[1] 《商务部发布〈中国－上海合作组织地方经贸合作示范区建设总体方案〉》，大众网，2019年10月29日，https：//qingdao.dzwww.com/xinwen/qingdaonews/201910/t20191029_17152296.htm。

[2] 《国务院关于中国－上海合作组织地方经贸合作示范区建设总体方案的批复》（国函〔2019〕87号），中国政府网，2019年10月8日，http：//www.gov.cn/zhengce/content/2019-10/08/content_5437071.htm。

其次,"一带一路"倡议突出经济合作,不带地缘政治目的,不是排他的,是真正的不结盟、不对抗、不针对第三方,并充分尊重各国的多样性、差异性,不搞强制,充分照顾各方舒适度,显示了最大灵活性,具有最大的包容性,与上合组织的固有理念高度契合,相得益彰,既契合上合组织成员国的利益关切,易于为各方接受,又大大减轻了成员国"选边站队"的压力,为上合组织命运共同体发展提供了一条新型区域合作之路。

再次,"一带一路"倡议大力倡导各国发展战略对接合作,寻求合作最大公约数,为上合组织命运共同体求同存异、共同发展提供了重要机遇。"一带一路"倡议大力推进各国互联互通和基础设施建设,符合上合组织现实需求,与中亚成员国致力于突破交通困境的愿望不谋而合,有助于突破上合组织命运共同体发展瓶颈,使各国形成合力,加速上合组织命运共同体建设。

最后,"一带一路"倡议与时俱进,紧跟世界新技术革命浪潮,不失时机地倡导推进建设数字"一带一路"、绿色"一带一路"等,并根据各国应对疫情、扶贫需求加大"一带一路"框架下健康、扶贫合作力度,使"一带一路"倡议紧贴各国需求,有助于化解各国"燃眉之急"和助力各国发展行稳致远,确保上合组织命运共同体建设稳步前行。

显而易见,在"一带一路"倡议理念的指引下,上合示范区将是对兼顾各国多样性、差异性的共同体建设之路的重要探索,有望为构建上合组织发展共同体开辟新路径,提供新希望。

第二,有利于突破现有决策机制的束缚,先行先试,逐渐形成可复制、可推广的示范性经验,为构建上合组织发展共同体树立样板。

如何在一个异质性突出的区域组织中有效推进区域合作并形成发展共同体是一个世界性难题,对上合组织来说,既无现成模式可以借鉴,也缺乏成功的实践经验。只有大胆尝试,勇于探索,才能逐渐摸索出一条行之有效的道路。上合组织自成立以来,经过成员国的共同努力,在经济合作上建立了多层次的合作机制和较完善的法律体系,搭建起比较完备的区域经济合作制度框架。同时，从上合组织自身看，"一带一路"倡议、人类命运共同体理念提出后得到成员国的积极响应，各方对此充满期待。在此背景下，建立上合示范区一定程度上有助于补足上合组织缺乏落实工作机制的短板，也可以成为实施推进"一带一路"倡议、构建上合组织发展共同体的实践平台和试验区。根据国务院批复的《总体方案》，上合示范区具有很强的创新性、实践性、试验性特征，为践行落实上合组织经济合作理念、倡议、文件提供了重要抓手。

从目标定位上看，上合示范区近期目标是立足与上合组织国家相关城市间交流合作，通过建设区域物流中心、现代贸易中心、双向投资合作中心和商旅文交流发展中心，打造上合组织国家面向亚太市场的"出海口"，形成与上合组织国家相关城市交流合作集聚的示范区。中远期目标是努力把上合示范区建成与上合组织国家相关地方间双向投资贸易制度创新的试验区、企业创业兴业的聚集区、"一带一路"倡议地方经贸合作的先行区，打造新时代对外开放新高地。从重点任务上看，上合示范区将加强互联互通，建设区域物流中心；加强贸易合作，建设现代贸易中心；加强产能合作，建设双向投资合作中心；加强商旅文融合，建设商旅文交流发展中心。显而易见，上合示范区的目标和任务都很接地气，追求实效，灵活多样，融经贸合作和人文交流为一体，显示了对地方合作的高度重视，将吸引更多主体参与合作，形成小多边、次区域的合作新模式，并以点带面，产生辐射效应，为构建上合发展共同体做出积极有益探索。

第三，有利于中国发挥自身优势，始终保持对上合组织经济合作的引领作用，确保构建上合组织命运共同体行稳致远。

作为上合组织的发祥地，中国历来把上合组织视为外交的优先方向，始终是上合组织原则的坚定维护者、上合组织合作的积极推动者、上合组织发展的重要贡献者，对上合组织合作发挥着重要的引领作用。从倡导"上海精神""和谐地区"到提出构建上合组织命运共同体；从提出将"上海五国"机制变成合作机制到积极筹建上合组织秘书处并免费为其提供办公馆舍；从提出签署《上合组织成员国长期睦邻友好合作条约》到提议制定上合组织十年发展战略规划，中国始终对上合组织的政治合作发挥着战略引领作用，确保上合组织一直保持先进理念和正确的政治方向。在安全合作上，从提出内涵为"相互信任、裁军和合作安全"[①]的新型安全观到互信、互利、平等、协作的新安全观，再到目前的共同、综合、合作、可持续的新安全观；从推动上合组织在成立之日签署打击"三股势力"的《打击恐怖主义、分裂主义和极端主义上海公约》到推动上合组织制定并通过《上海合作组织反极端主义公约》；从与俄罗斯一道把中俄两国双边演习扩展成为上合组织"和平使命"多边反恐军事演习，到积极主动地承担上合组织地区反恐怖机构框架下的网络反恐演习任务，中国一直是上合组织先进的安全合作理念的提供者和践行者，对上合组织安全合作发挥着开拓者和引领者的作用。

从经济合作看，由于实行改革开放，中国经济取得腾飞，成为上合组织地区经济发展的火车头。为了带动上合组织成员国的共同发展，中国一直不断地加力推动上合组织经济合作，成为上合组织经济合作的最大支持者和推动者。从主张"上海五国"机制开展经贸合作到提出上合组织应安全与经贸合作并重；从着力推动地区贸易投资便利化到开展"一带一路"倡议框架下的对接合作；从向成员国提供9亿美元优惠出口买方信贷到在银联体框架内设立300亿人民币等值专项贷款，中国为上合组织经济合作作出了突出贡献。

人文上，中国视人文合作为上合组织具有巨大发展潜力的重要领域，努力使之成为支撑上合组织发展的新支柱。中国领导人始终高度重视上合组织人文合作，不断丰富和完善上合组织的新文明观，从而为上合组织人文合作指明了目标和方向。同时，中国在上合组织人文合作中勇于开拓，率先垂范，率先发起建立了多个人文合作机制，如成立中国上合组织睦邻友好合作委员会，创办举行上合组织青年交流营，设立中

[①] 外交部欧亚司编：《顺应时代潮流、弘扬"上海精神"：上海合作组织文选集》，世界知识出版社2002年版，266页。

国-上合组织环境保护合作中心，建立上合组织媒体俱乐部，启动上合组织科技伙伴计划，发起组织上合组织医院合作论坛、上合组织妇女论坛、上合组织人民论坛、上合组织国家行政学院院长论坛、上合组织非物质文化遗产保护论坛等。中国还积极资助上合组织国家学生来华留学培训，向上合组织国家提供数万个政府奖学金名额和培训名额，并提供各种人文服务，如利用风云二号气象卫星为上合组织国家提供气象服务；建立上合组织国家青年创业交流基地，并举办青年创业实训营，开展线上交流活动，为上合组织青年创业合作搭建平台等。

毫无疑问，中国为上合组织的发展壮大承担了重要的责任，一直在上合组织区域合作中发挥着引领作用，成为推动上合组织发展的重要引擎。上合示范区的建立和运行彰显中国对上合组织一以贯之的责任感和使命感，进一步巩固了中国对上合组织合作的引擎地位，有利于中国继续发挥带头作用，带动上合组织经济合作早日走上良性发展之路，从而切实推动上合组织发展共同体向前迈进，以造福所有成员国，使之都有实实在在的获得感、幸福感。

中国自身在上合组织成立后取得了飞跃式发展，为引领上合组织经济合作、构建上合组织发展共同体提供了足够底气和强大信心。2001年，中国 GDP 位居世界第六，2010 年，中国一跃成为世界第二大经济体，目前中国 GDP 已多年稳居世界第二，比排名第三的日本高出 3 倍之多，成为世界上除美国外第二个超 10 万亿美元大国。2001 年，中国比俄罗斯 GDP 高出 4 倍，到 2018 年已高出 7 倍之多，2018 年中国 GDP 约为上合组织其余成员国总和的 3 倍。中国当之无愧地成为上合组织地区经济发展的火车头。这为中国引领上合组织提供了基本前提。同时，上合组织成立后，中国大力推进与其他成员国的经贸合作，已经成为其他成员国主要的经贸伙伴和投资来源国。2021 年中国与上合组织其他成员国贸易额达 3433 亿美元，是 2001 年上合组织成立之初的 28 倍。2021 年，中国为俄罗斯、巴基斯坦第一大贸易伙伴国，哈萨克斯坦、乌兹别克斯坦、吉尔吉斯斯坦第二大贸易伙伴国。中国连续 11 年保持俄罗斯第一大贸易伙伴国地位。中国已经成为吉尔吉斯斯坦、塔吉克斯坦、巴基斯坦第一大投资来源国，并在地区能源贸易、互联互通、基础设施建设上发挥举足轻重的作用。中俄积极推进"一带一盟"对接合作，并继续推动共建"一带一路"和"大欧亚伙伴关系"建设协调发展，中哈实施"丝绸之路经济带"与"光明大道"新经济政策规划对接等，为中国在区域经济治理、区域经济秩序构建中发挥引领作用奠定良好基础。中国通过举办国际进口博览会，显示出巨大诱人的市场容量，令成员国趋之若鹜。中国是世界经济发展门类最为齐全的国家，在发展非资源型经济方面实力雄厚、经验丰富，尤其是在电商经济、人工智能、5G 技术、数字经济方面处于领先地位，这对致力于改变自身经济结构、追赶世界发展潮流的地区国家来说无疑具有不可抗拒的吸引力。上合组织国家清醒地认识到，在广袤的上合组织地区，目前只有中国有意愿也有能力为地区经济振兴提供及时有效的帮助和支持。中国一直是一个信守承诺、重情重义的负责任大国，正在大力倡导并践行共建人类命运共同体理念，不会改变与地区国家共建"一带一路"的既定方略，会继续跟进相关投资和项目实施。设立并积极推进上合示范区表明，未来中国与地区国家的合作只会加强，不会削弱，中国将继续不断为促进上合组织经济合作贡献中国智慧、中国方案和中国力量，从而为上合组织命运共同体提供源源不断的动力。

第三节　上合示范区的创新作用和务实价值

Part 3　The Innovative Role and Practical Value of SCODA

【内容提要】 对上合示范区与中国目前实施的国家级经济技术开发区、自由贸易试验区和跨境电商综试区等进行比较可以得出结论，上合示范区是一种新型国际合作示范园区，主要任务是培育新的合作主体，拓展合作伙伴，延展合作领域及创新合作模式。上合示范区的创新表现在理念、制度和模式三个层面。理念创新体现为以平台为抓手、以数字经济为引领和以补短板为目标。制度创新体现在促进货物贸易便利化、服务贸易便利化和人员往来便利化的新举措。模式创新涵盖综合服务平台、"友城合作+双园互动"机制、跨境电商、"上合E贸"贷款、"双园互动"的投资模式、"需求+培养+实践"的国际教育合作模式、旅游服务"一站式"新平台和国际人才离岸中心等。示范区的建立和运行有利于山东省依托青岛市构建东西并重、陆海联动的新开放格局，也有利于上合组织国家拓展中国市场并深度参与区域经济合作。

Abstract: Comparing the China – SCO Local Economic and Trade Cooperation Demonstration Area (SCODA) with the National Economic and Technological Development Zone, Free Trade Zone and Cross – Border E – Commerce Comprehensive Pilot Zone currently launched in China, it can be concluded that the SCODA is a new type of international cooperation. The main task is to cultivate new cooperation entities, expand cooperation partners, extend cooperation fields and innovate cooperation models. The innovation of the SCODA embodies in three aspects: concept, system and model. Conceptual innovation is reflected in taking the platform as the leverage, the digital economy as the guide, and making up for deficiencies as the goal. Systematic innovation is reflected in new measures to facilitate trade in goods and services, and personnel exchanges. Model innovation covers comprehensive service platform, "sister city cooperation + dual – park interaction" mechanism, cross – border e – commerce, "SCO E – trade" loan, dual – park interactive investment model, international education cooperation model of "demand + training + practice", a new "one – stop" platform for tourism services and an offshore center for international talents. The establishment and operation of the SCODA will help Shandong Province and Qingdao City to shape a new phase of all – around two – way opening up with links running eastward and westward over land and sea, and it will also help the SCO member states to expand their Chinese market and participate in regional economic cooperation.

【关键词】 示范区；理念创新；制度；模式；务实价值

Keywords: SCODA, concept innovation, system, model, practical value

【作者简介】 刘华芹，商务部国际贸易经济合作研究院欧洲所所长，研究员。

Author: Liu Huaqin, Director and Senior Research Fellow of the European Institute, Chinese Academy of International Trade and Economic Cooperation, Ministry of Commerce.

上合组织区域经济合作历经 20 多年发展，取得了巨大成就。此间，以政府主导、大项目带动的合作模式促进了区域投资发展，推动了一批基础设施和产能合作项目落地，实现了投资带动贸易增长的目的。着眼于未来，为了推动区域经济合作实现高质量发展，迫切需要拓展合作领域，增加合作主体，搭建更多合作平台，创新合作模式，发挥市场机制的调节作用。为此，2019年上合组织成员国元首理事会会议批准了《上海合作组织成员国地方合作发展纲要》，旨在推动各国地方间贸易、投资、工业、农业、交通基础设施、科技创新、教育文化等领域合作。

2020年10月29日，上合组织成员国第一届地方领导人论坛以视频方式举行，中国商务部副部长俞建华出席并致辞，指出，地方合作是上合组织区域合作的重要组成部分，中国的山东省、重庆市、新疆维吾尔自治区、陕西省正在积极搭建上海合作组织地方合作平台，建议各方在以下领域共同促进地方友好交往，深化互利合作：一是加强区域发展战略和政策对接，推进重点项目合作；二是提升贸易便利化水平和服务能力，维护产业链供应链稳定顺畅；三是共同优化营商环境，加大对企业和项目的扶持保护力度；四是推动农业经济技术合作、农产品贸易和减贫能力建设，促进包容、可持续发展。[①] 就此，上合示范区成为中国推动的上合组织框架下重要地方合作平台之一。

一、上合示范区的作用与特点

（一）上合示范区的作用

在上合组织框架下建立地方合作示范区旨在拓展区域经济合作新空间，具体体现在以下方面。

1. 培育新的合作主体

地方合作是对现有区域经济合作机制的补充。目前上合组织区域经济合作主要集中在政府层面，建立了总理会议机制和十几个部长级会议机制，负责制定合作规划等，这种模式比较适合能源矿产资源类大型合

---

① 步欣：《上合组织推动成员国地方合作》，光明网，2020年11月2日，https://m.gmw.cn/baijia/2020-11/02/1301749554.html。

作项目。伴随合作的不断深化，合作领域逐渐拓展，需要以市场为导向推进合作，吸引更多合作主体参与合作进程。地方介于中央政府与企业之间，可以发挥桥梁作用，有效地将地方企业组织起来，形成合力，共通推进合作。在共建"一带一路"倡议框架下中国诸多城市与国外城市建立了友城合作关系，但目前交流活动主要集中在政治外交层面，经贸合作潜力有待挖掘。地方合作可将友城合作的政治外交资源转化为经贸合作资源，全面提升合作水平，因此地方可以成为区域经济合作的新主体。

2. 拓展合作伙伴

20多年来，上合组织区域经济合作主要集中在其成员国范围内，未能延展至观察员国和对话伙伴国，而后者对参与区域经济合作积极性很高。例如，蒙古国对于安全合作兴趣不高，但对于互联互通合作积极性很高。土耳其、阿塞拜疆等国对于打造中国-中亚-西亚经济走廊表现出前所未有的热情。最新加入上合组织观察员国的中东国家具有能源和金融合作优势。如果吸收这些国家参与合作，将极大地促进区域经济发展，为此，加强与观察员国和对话伙伴国的经贸合作应该成为新的增长点。

3. 延展合作领域

多年来，上合组织成员国之间的经贸合作主要集中在能源和矿产资源领域，建立了跨国能源运输通道。伴随各国加速推进工业化进程，迫切需要将合作领域延伸至农业、制造业、服务业和高新技术领域，上合示范区应在这些领域有所作为。

4. 创新合作模式

上合组织区域经济合作一直采用投资带动贸易发展的模式，合作以一般货物贸易为主，未来需要在服务贸易、制造业和高科技领域利用数字经济发展新机遇，打造更多新型合作模式，这也是上合示范区建设面临的新任务。

（二）上合示范区的特点

上合示范区属于一种新型国际合作示范园区，不同于以往中国的国家级经济技术开发区、新推进的自由贸易试验区和跨境电商综合试验区等园区模式。上合示范区应根据合作对象国的经济与产业结构特点，找到有效的合作方式，通过整合双方资源，取得合作成效，促进彼此经济发展，助力中国实现双循环发展新格局。

1. 上合示范区不同于传统的国家级经济技术开发区

国家级经济技术开发区是中国实行改革开放政策而设立的现代化工业、产业园区，旨在创建符合国际水准的投资环境，通过吸收利用外资，形成以高新技术产业为主的现代工业结构，成为所在城市及周围地区发展对外经济贸易的重点区域，促进区域经济协调发展，促进国有经济结构进一步优化，提升吸收外商投资的质量，引进更多的先进技术。而上合组织国家以新兴经济体为主，经济发展水平有限，难以成为吸引外资的重点区域，因此传统的国家级经济技术开发区模式并不完全适合上合示范区的发展。

2. 上合示范区不同于自由贸易试验区

自由贸易试验区是中国以制度创新为核心，探索建立高标准开放型经济体制的重要试验场，旨在积极探索对接国际高标准规则，推动贸易投资便利化，促进服务贸易发展，优化营商环境等。上合示范区并不具有这种功能和任务，但是吸收自由贸易实验区的创新政策将有利于提升上合示范区的发展水平，更好地实现示范效应。上合示范区应汲取自由贸易试验区制度创新的做法，丰富合作内容，打造新型合作模式。

3. 上合示范区不同于跨境电商综合试验区

跨境电商综合试验区是围绕跨境电商新业态设立的综合性先行先试的城市区域，旨在跨境电子商务交易、支付、物流、通关、退税、结汇等环节的技术标准、业务流程、监管模式和信息化建设等方面先行先试，通过制度创新、管理创新、服务创新和协同发展，破解跨境电子商务发展中的深层次矛盾和体制性难题，打造跨境电子商务完整的产业链和生态链，逐步形成一套适应和引领全球跨境电子商务发展的管理制度和规则，为推动跨境电子商务健康发展提供可复制、可推广的经验。跨境电商有可能成为上合示范区的重点合作领域之一，但是上合示范区应超越跨境电商的范围，覆盖更多领域。上合示范区与跨境电商综合试验区存在一定交叉，但功能不同。为此，应准确定位，有效利用中方对外开放的新型模式做好示范。

二、上合示范区的创新作用

以特定区域组织为合作对象建立的经贸合作示范区是新型园区合作模式，没有成功经验可以借鉴。上合示范区的各级领导和同志们发挥了极大的工作热情和创新力，取得了较大成就。上合示范区的创新作用主要体现在理念创新、制度创新和模式创新三个层面。

（一）理念创新

理念创新是关键，也是灵魂。上合示范区提出了一些新理念，试图破解目前上合组织区域经济合作难点，探索新的发展路径。

1. 以平台为抓手

20多年来，上合组织区域经济合作一直强调项目建设，将各方共同认可的区域合作项目作为衡量成功的标志。上合示范区则另辟蹊径，将打造合作平台作为抓手。相对于项目而言，平台可以产生更好的聚集效应，聚集企业、聚集信息、聚集资源，通过搭建平台可为各国地方政府和企业提供各种信息，便利企业之间建立直接经济合作关系，提升合作水平。换言之，平台建设具有更长远的经济合作价值与作用。上合示范区搭建的重要合作平台包括上合经贸综服平台、青岛·上合之珠国际博览中心、上合组织国际投资贸易博览会、上合组织经贸学院等等，均具有较强的聚集作用。

2. 以数字经济为引领

大力发展数字经济是上合组织未来的合作方向，利用数字经济促进区域经济合作仍是新任务。上合示范区以数字经济为引领，打造可视化综合服务平台，吸引各方加入平台，拓展合作。推动淘宝"上合食品专营店"、抖音"上合特色商品馆"运营见效，发展直播电商，提高上合特色商品知名度，扩大各国对华贸易，使各国商品走上中国百姓的"餐桌"，取得了良好的社会效益与经济效益。而"数字一单制"助力实现国际铁路联运运单的线上流转、融资、兑付，建立多方协同、风险共担的多式联运贸易融资新机制，提升中欧班列互联互通水平。此外，"法智谷"线上综合法律咨询平台，上合经贸学院远程培训等，为数字化赋能区域经济合作树立了新标杆。

3. 以补短板为目标

拓展与上合组织观察员国和对话伙伴国的经贸合作是区域经济合作的短板，也是未来发展的新方向，上合示范区做了有益尝试。上合国家客厅项目设立了阿塞拜疆国家馆、斯里兰卡商品馆，大力吸收观察员国和对话伙伴国参与合作。此外，成立了中国－上合组织技术转移中心，探索科技成果市场化的新路径，对上合组织在高新技术领域的合作进行了尝试。上合组织撒马尔罕峰会上发表的联合声明强调，应推动区域服务贸易合作。服务贸易是区域经济合作的新增长点，也是目前合作的薄弱环节。上合示范区在物流运输服务、金融服务、教育服务、法律服务等领域进行了积极探索，取得明显成效。

（二）制度创新

2018 年上合组织青岛峰会发表了《上海合作组织成员国元首关于贸易便利化的联合声明》，成为重要合作成果。推动贸易便利化一直是上合组织区域经济合作的重要任务。上合示范区在此做了大量尝试，取得巨大进展。

1. 促进货物贸易便利化

上合示范区完成了山东省首单跨境易货贸易通关测试，编制发布了上海合作组织成员国贸易指数。上合示范区在全国首次使用中国-哈萨克斯坦"关铁通"项目中欧班列顺利通关。[①] 试点中俄报关单跨国"一单两报"，实现了与俄罗斯贸易数据共享、报关单制单前置，不仅提高了操作效率，降低了操作难度，还搭载一键转译功能，极大提高了国内关务申报的便捷水平，为中俄贸易从业者提供了通关便利。[②] 此外，启用上合示范区原产地证书审签中心，为企业免费办理原产地证业务，为上合示范区集聚的贸易企业提供前置服务，帮助企业规避风险，降低成本。上合示范区内企业通过易货贸易方式开展试点，进一步扩大易货国别、提升易货额度，探索了新型贸易方式。

2. 促进服务贸易便利化

上合示范区建立了中国与上合组织国家间首个跨境征信平台，探索设立上合地方合作银行，首创"上合·银关通"关税保函业务，上合示范区金融服务平台正式上线。上合示范区联合青岛市市场监管局组织成立"一带一路"检验检测认证技术联盟，分阶段、分步骤吸收俄罗斯、哈萨克斯坦、土耳其、印度等国相关机构，通过"检测前置、结果互认"发挥检验检测认证在国际贸易中的通行证作用。在海关总署授权下，上合示范区积极推进与上合组织国家间的"经认证的经营者"（AEO）[③] 国际互认合作[④]，分别与亚美尼亚、巴基斯坦、斯里兰卡、吉尔吉斯斯坦、阿塞拜疆和乌兹别克斯坦等国相关机构对接，大大提升上

---

① 吴南仕、武佳熠：《全国首票中哈"关铁通"项目出口货物在阿拉山口海关顺利通关》，央广网，2022年1月2日，http：//xj. cnr. cn/xjfw_1/xjyw/20220102/t20220102_525705525. shtml。

② 张昌威：《助推贸易便利化！上合示范区再推20项制度创新案例》，半岛都市报，2022年10月18日，https：//view. inews. qq. com/a/20221018A08T0D00？refer = wx_hot&ft = 0。

③ 经认证的经营者（Authorized Economic Operator），经过AEO认证的企业在本国和互认国进出口货物时，查验率可降低60%企业在本，通关时间和成本可降低50%以上。

④ 张昌威：《助推贸易便利化！上合示范区再推20项制度创新案例》，半岛都市报，2022年10月18日，https：//view. inews. qq. com/a/20221018A08T0D00？refer = wx_hot&ft = 0。

合组织区域内贸易便利化水平。

3. 促进人员往来便利化

上合示范区与青岛市科技局和青岛市公安局积极对接，建立上合示范区移民事务服务中心，为上合示范区建设发展需要的外籍人员申请工作许可、办理出入境证件、办理签证、申请居留提供便利。制作外国人申请来华许可流程详解的中俄文版，加强政策宣传力度，提高政策知晓度和覆盖范围。此外，上合示范区探索设立国际人才离岸创新创业基地，构建人才输送、技术输入、产学合作的通道，突破高科技人才的流动壁垒，为拓展上合组织高新技术合作提供人力支撑。

（三）模式创新

上合示范区以理念和制度创新为先到，在多领域积极创新合作模式，硕果累累。

1. 上合经贸综服平台[①]

上合经贸综服平台依托中国国际贸易单一窗口下设3大体系、8大模块、73项子功能，为与上合组织国家经贸合作提供一站式解决方案，为贸易企业提供全周期综合服务体系。平台支持跨国、跨部门、跨行业、全单证、全流程的信息共享交换与协同作业，逐步实现上合组织国家全区域贸易、物流等信息的可交换、可查询、可追溯，构建联通上合组织国家贸易企业与政府监管部门的国家级数据共享交换枢纽，打造国内企业走进上合组织国家的母港和外方企业进入中国的平台。

2. "友城合作+双园互动"机制

截至2022年底，上合示范区与俄罗斯、乌兹别克斯坦、白俄罗斯等国家相关城市、园区举办经贸交流活动近300场，促成与18个国家的39

---

① 刘昕：《上合组织地方经贸合作综合服务平台启用》，中国商务新闻网，2022年12月1日，https://www.comnews.cn/content/2022-12/01/content_19551.html。

个园区和机构签署合作备忘录，并与部分园区互设联络处及对外投资服务中心①等。与此同时，上合示范区搭建了基于友城合作的国际物流合作新机制；探索了与巴基斯坦拉沙卡伊特别经济区、哈萨克斯坦"霍尔果斯－东方之门"经济特区拓展在物流、产业等方面的合作；深化了中白工业园、老挝万象赛色塔综合开发区国际运输合作；推进了哈萨克斯坦、斯里兰卡、柬埔寨等国的国家商品馆签约落地。上合示范区将友城合作的政治外交资源转化为经贸合作资源，为深化友城合作探索新路径。

3. 跨境电商模式

上合示范区打造了淘宝"上合食品专营店"、抖音"上合特色商品馆"，发展直播电商，提高上合特色商品知名度。青岛欧顺航跨境电子商务有限公司建设"上合跨境电商分拣中心"，在阿拉木图、塔什干和明斯克自建海外仓和集装箱堆场，形成上合示范区与上合组织国家海外仓的对接互动，实现上合跨境电商俄语平台销售—上合跨境电商分拣中心分拣—上合境外海外仓末端派送的完整跨境电商生态链新模式。此外，青岛与上合组织国家重点经贸城市共建"直采直购"渠道和供应链"仓对仓"体系，打造永不落幕的上合组织国际投资贸易博览会。

4. "上合E贸"贷款

上合示范区借助税务、外汇收支数据，应用大数据风控授信审批模型，为面向上合组织国家的外贸企业提供线上审批的"上合E贸"贷款，突破依赖抵押放贷款限制，提升企业贷款"可得性"。应用"中信保投保国际货运运费险＋银行提供国际运费应收款融资"模式，为物流企业量身打造"上合E运"贷款，为国际物流企业提供便利化融资服务。针对外向型企业收付汇难题，搭建线上操作的"上合E结"平台，提供在线收汇结汇、付汇购汇金融服务。为上合组织国家深化金融合作探索新方向。

---

① 锡复春：《深度融入上合"国际朋友圈"！5天3国3场，上合示范区走出国门重磅推介》，青岛新闻网，2022年11月7日，https://news.qingdaonews.com/qingdao/2022－11/06/content_23377614.htm。

5. "双园互动"的投资模式

上合示范区依托上合示范区国际创新和产能合作中心、中国巴基斯坦中心、中国俄罗斯中心等合作机制，积极与俄罗斯国家日古利科技园、伊朗东阿塞拜疆科技园、白俄罗斯国立技术大学及"理工"科技园等13个境外园区连线交流。① 与此同时，上合示范区与乌兹别克斯坦鹏盛工业园、中白工业园签署合作协议并决定互设联络处，启动合作进程。"双园互动"模式将充分利用国际国内两个市场、两种资源，挖掘合作潜力，提升园区的经济效益和社会效益。

6. 探索"需求+培养+实践"的国际教育合作模式

为了提升上合组织经贸学院的教育水平，上合示范区向17个上合组织国家驻华使馆发函征求培训需求和意见。各方提出开展跨境电商发展、数字营销、跨境供应链管理、数字贸易争端解决机制、标准化和质量保证、数字金融和数字银行等培训需求。上合组织经贸学院根据这些需求与学院理事会成员单位积极对接，开发教学课程。截至2022年9月，线上、线下共开展"一带一路"国家跨境电子商务发展策略研修班、发展中国家国际物流管理研修班、跨境电商基础实操培训班、塔吉克斯坦农业纺织产业园纺织技术人员海外培训班等援外培训和经贸培训班次81个，来自上合组织国家及"一带一路"倡议沿线国家的7200余人次参加培训。②

7. 打造旅游服务"一站式"新平台

上合示范区创新成立中巴旅游一站式服务平台③，为中国和巴基斯坦游客提供咨询、签证、旅游规划、旅游保险、安全保障和吃住行便利服务等保障措施。

---

① 锡复春：《上合示范区国际创新和产能合作中心揭牌》，青岛日报网，2021年5月21日，https://www.dailyqd.com/guanhai/89377_1.html。

② 中国日报青岛站记者：《上合组织经贸学院一周年：从峰会出发为上合组织"育才"、多边经贸合作"搭台"》，中国日报网，2022年9月15日，https://sd.chinadaily.com.cn/a/202209/15/WS6322d019a310817f312ee2c1.html。

③ 贺璐阳：《中巴旅游一站式服务平台在青揭牌开启中巴双向旅游新篇章》，青岛大众网，2021年9月17日，http://qingdao.dzwww.com/qingdaonews/202109/t20210917_9167013.htm。

8. 国际人才离岸创新创业中心

上合示范区聚力打造上合国际人才交流合作枢纽，创新建设海外人才飞地"一中心 N 站"，现已启动运营俄罗斯离岸创新创业中心及白俄罗斯、印度、荷兰、巴基斯坦、乌兹别克斯坦创新创业工作站，精准链接具有来华开展业务意向企业，遴选外籍优质孵化项目，建立海外高层次人才名录。截至 2022 年 10 月，完成入库备案企业 516 家，孵化、签订孵化协议项目 40 余个，集聚上合组织国家博士级以上人才 50 余人。①

三、上合示范区的务实价值

党的二十大报告中指出："依托我国超大规模市场优势，以国内大循环吸引全球资源要素，增强国内国际两种资源联动效应，提升贸易投资合作质量和水平。……推动货物贸易优化升级，创新服务贸易发展机制，发展数字贸易，加快建设贸易强国。……加快建设西部陆海新通道。……深度参与全球产业分工和合作，维护多元稳定的国际经济格局和经贸关系。"② 上合示范区的建设有利于山东省依托青岛市实现上述目标。上合示范区的务实价值主要体现在两个层面，一是对山东省依托青岛市对外开放的价值；二是对上合组织国家拓展区域经贸合作的价值。

（一）有利于山东省依托青岛市构建东西并重、陆海联动的新开放格局

1. 上合示范区建设有利于山东省依托青岛市开辟西部陆路运输通道

山东省属于沿海省份，青岛市为沿海城市，海运一直是主要国际运

---

① 锡复春：《上合示范区再推 20 项制度创新案例》，《青岛日报》2022 年 10 月 18 日。
② 习近平：《高举中国特色社会主义伟大旗帜　为全面建设社会主义现代化国家而团结奋斗》，《中国共产党第二十次全国代表大会文件汇编》，人民出版社 2022 年版，第 27 页。

输方式，但是上合示范区的建设给山东省提供了依托青岛市开发西部陆路通道的机遇。上合示范区深化中欧班列南向通道建设，建立从上合示范区发出，经哈萨克斯坦阿克套，通过里海转运至阿塞拜疆巴库，并向西延伸至格鲁吉亚、土耳其等欧洲国家的中欧班列跨里海运输南线运输通道。该通道采用"国际铁路＋水运"的多式联运方式，相继开通至阿塞拜疆巴库、格鲁吉亚第比利斯、土耳其伊兹米特的定班专线，实现常态化开行。班列在途运输时间 18—20 天，比海陆联运用时间节省约三分之一；[1] 与中欧班列北线传统通道相比，跨里海转运通道绕过了俄乌冲突地带，在国际海运受阻、海运价格飞涨的背景下有力保障国际产业链供应链稳定。

此外，上合示范区联合俄罗斯铁路集装箱公司，设立亚欧班列运输客户服务中心，提供覆盖境内外铁路的"一站到底"的班列集结、调配服务，"一单到底"的班列订舱、转运服务；建立了上合示范区－俄罗斯东方港－俄罗斯铁路的海铁联运服务体系。上合示范区依托中国国际货运代理协会提单，提供"一单制"融资、保险服务，打造俄罗斯铁路集装箱东北亚集结中心，有效提升了上合示范区国际多式联运通道的吸引力和竞争力。在海运基础上拓展了铁路运输并打造了铁海联运新型运输方式，构建了陆海联动的新模式，为扩大全方位对外开放奠定了坚实基础。

2. 拓展国际合作新市场

在山东省和山东省青岛市的对外贸易中，东盟、美国、欧盟、韩国、日本一直占据重要地位，"一带一路"国家占比相对较小。上合示范区启动建设以来，2021 年，青岛与上合组织国家的贸易额达到 499.9 亿元，增长了 34.3%，占全市进出口总值的 5.9%。青岛对"一带一路"沿线国家进出口 2640 亿元，增长了 44.8%，占全市

---

[1] 戴升宝：《开往阿塞拜疆首都巴库 "齐鲁号"欧亚班列上合快线再添新线路》，鲁网，2021 年 2 月 1 日，http：// sd. sdnews. com. cn/jinan/sh/202102/t20210201_2859688. htm。

进出口总值的 31.1%。① 上合组织国家与青岛的贸易额呈现积极上升态势，在青岛市对外贸易中的比重逐年攀升，有利于实现国内国际两种资源联动效应，提升贸易投资合作质量和水平。

上合示范区无论对于山东省，还是山东省青岛市，均有利于塑造全面开放新格局，深度对接国际标准规则，推进更高水平制度型开放。

（二）有利于上合组织国家拓展中国市场并深度参与区域经济合作

1. 有利于上合组织国家开拓中国市场

上合示范区搭建了贸易投资便利化的合作平台，极大地促进了各国深入了解中国市场，开拓中国市场，扩大贸易规模。乌兹别克斯坦国家商品原料交易所落户青岛，进行棉花、有色金属等大宗物资交易。阿塞拜疆国家品牌馆-青岛馆开馆运营，扩大对华销售阿塞拜疆的葡萄酒、石榴汁、奶酪等食品。上合示范区开展跨境电商业务，在俄罗斯设立海外仓，在乌鲁木齐、乌苏里、绥芬河等设中转边境仓。2021 上合组织国际投资贸易博览会暨上合组织地方经贸合作青岛论坛开幕，线下 442 家、线上 1500 余家企业参展，达成意向采购额近 20 亿元。② 此外，3 万平米的上合国家客厅、上合特色商品馆，吸引了 18 家中外商协会入驻。引进上合跨境贸易服务中心、俄罗斯华诺俄翔、中国巴基斯坦中心等 10 个贸易平台，集聚国际贸易主体 1700 余家③，着力打造现代贸易中心，促进上合组织国家与青岛的进出口贸易实现倍增，跨境电商、新型易货贸易快速发展。

---

① 刘兰星、陈星华：《青岛 | 2021 年青岛外贸进出口 8498.4 亿元》，山东省人民政府网，2022 年 1 月 19 日，http：//www.shandong.gov.cn/art/2022/1/19/art_116200_521540.html。

② 胡耀杰：《2021 上海合作组织国际投资贸易博览会启幕探讨深化交流合作》，中国日报网，2021 年 4 月 26 日，https：//www.chinanews.com/cj/2021/04-26/9464663.shtml。

③ 马刚、王玉彬、修朝魁、李海翡：《上合示范区：加快打造"一带一路"国际合作新平台》，中国商务新闻网，2022 年 3 月 7 日，https：//www.comnews.cn/content/2022-03/07/content_3284.html。

2. 有利于拓展全方位经贸合作

服务贸易是未来区域经济合作的增长点，上合示范区在推进区域服务贸易合作方面取得了重大进展。

在旅游服务领域，上合示范区举办了上合组织国家旅游城市推介会并成立旅游合作机制，青岛市旅游协会与上合组织国家的城市旅游行业协会和联盟签署《上合组织国家旅游城市合作机制倡议》。青岛联合巴基斯坦旁遮普省和信德省、俄罗斯莫斯科市、吉尔吉斯斯坦比什凯克市、哈萨克斯坦阿拉木图市、乌兹别克斯坦撒马尔罕市、塔吉克斯坦杜尚别市、白俄罗斯明斯克市等共同发布24条精品旅游线路，推动旅游合作再上新平台。

在法律服务方面，上合"法智谷"提供中英俄三种语言版本切换，以及上合组织国家法律法规、司法案例、涉外法律服务机构等信息一站式查询和涉外法律服务供需撮合服务。线下法律产业园区现已入驻锦天城、德衡、文康、海华永泰等多家国内外知名律师事务所，30多家法律服务机构和20多家新一代信息技术企业，提供全方面、多维度法律咨询服务。

在科技服务方面，上合示范区建立了8万平方米青俄汇－中俄科技创新合作中心和6000平米的上合示范区高新技术企业孵化器创新中心，吸引高科技项目入驻孵化，助力上合组织青年创业国际孵化器、青岛上合企业创新产业园的合作。

3. 提供了区域贸易投资便利化示范

上合示范区搭建首个上合国家间跨境信用示范平台"信用上合"，全国首创"上合·银关通"关税保函业务等，提供了通关便利化示范。上合示范区运用"区块链+互联网"技术搭建多式联运"数字一单制"跨境平台，将物流贸易企业、海关、银行、保险等多方信息纳入联盟网络，建立数字化、标准化的多式联运单证体系，实现国际铁路联运运单的线上流转、融资、兑付，建立多方协同、风险共担的多式联运贸易融资新机制，提供了运输便利化示范。上合示范区建立的移民事务服务中心，简化外籍人员办理居留签证的手续，为促进上合组织国家人员往来便利化作出示范。此外，上合示范区积极拓展与观察员国和对话伙伴国的经贸合作关系，产生了积极效果，这些制度型创新模式未来可在上合组织国家进一步复制和推广。

第三章

上合示范区：进展和经验

Chapter 3　SCODA: Progress & Experience

第一节　上合示范区发展历程

Part 1　The Development History of SCODA

【内容提要】创建上合示范区是习近平主席在2018年上合组织青岛峰会上宣布的重要决定，旨在探索与上合组织国家地方间开展双向投资贸易的新路径，打造"一带一路"国际合作新平台。2018年以来，上合示范区精心筹备、积极谋划、大胆探索、快速起势，成功实现良好开局，国际物流、现代贸易、双向投资合作、商旅文交流"四个中心"建设进展明显，搭建综合性区域开放合作平台初步成型。上合示范区还承担了建设上合组织经贸学院的重任，正以更加主动的姿态融入和服务上合组织发展，迈入了全面推进、重点突破、一体化发展的新阶段。

Abstract: The establishment of China – SCO Local Economic and Trade Cooperation Demonstration Area (SCODA) is an important decision announced by President Xi Jinping at the 2018 Shanghai Cooperation Organization Qingdao Summit. It aims to explore new ways of two – way investment and trade with the SCO countries and regions and build a new platform for international cooperation under the Belt and Road Initiative. Since 2018, the SCODA has made meticulous preparations, active planning, bold explorations, and rapid growth, and has successfully made a good start. The construction of the "four centers" for international logistics, modern trade, two – way investment cooperation, and business, travel and cultural exchanges has made remarkable progress. A regional open cooperation platform has initially taken shape. The SCODA also undertakes the important task of building China –

SCO Institute of Economy and Trade. It is integrated into and serving the development of the SCO with a more active attitude, and has entered a new stage of comprehensive advancement, key breakthroughs, and integrated development.

【关键词】上合示范区；经贸合作；发展历程；"一带一路"倡议

Keywords: SCODA, economic and trade cooperation, development history, Belt and Road Initiative

【作者简介】李琰，中国国际问题研究院欧亚研究所助理研究员。

Author: Li Yan, Assistant Research Fellow at the Department for European – Central Asian Studies, China Institute of International Studies.

2018年6月10日，习近平总书记在青岛出席上合组织元首理事会第十八次会议时郑重宣布：中国政府支持在青岛建设中国－上海合作组织地方经贸合作示范区。自上合示范区成立以来，沿着《总体方案》规划的纲领路线，在中国商务部、山东省人民政府的全力支持和青岛市委、上合示范区党工委、管委会的不断努力下，上合示范区一年起步、两年上路、三年成势，建设发展得到有序、扎实推进，中方的倡议构想已在山东省青岛市胶州落地生根，蓬勃生长，初步探索出了一条与上合组织国家经贸合作模式的创新之路。

一、起步篇：抓住机遇精心筹备，明确纲领启动建设

（一）倡议缘起与前期筹备

建设上合示范区的倡议缘起于2018年6月，彼时上合组织成员国、

观察员国的12个国家领导人齐聚黄海之滨，出席上合组织成员国元首理事会第十八次会议，共商上合组织发展大计。青岛峰会的成功举办打出了中国主场外交的新名片，其中，习近平主席亲自宣布支持建设上合示范区，成为本次峰会经贸合作成果的一大亮点。同时，这场峰会亦在青岛城市发展史上留下了浓墨重彩的"上合元素"：青岛不仅成为除上海、北京之外第三个承办过上合组织峰会的中国城市，更是承担了建设中国首个也是唯一一个上合示范区的"国之重任"。青岛地处"一带一路"双节点：既是新亚欧大陆桥经济走廊主要节点，也是海上合作战略支点城市。在此基础上，上合峰会又赋予青岛新角色，带来对外开放和国际化发展的新契机。

从2018年6月宣布建设上合示范区的决定至2019年7月《总体方案》审议通过，上合示范区建设发展整体处于前期筹备阶段。在此期间，青岛市就推进上合示范区建设《总体方案》编制和报批等工作成立了专班，同时按照"物流先导、贸易拓展、产能合作、跨境发展、双园互动"的思路开展初步建设工作。

作为物流先导的第一步，2018年7月，地处胶州、占地240万平方米的上合示范区青岛多式联运中心启用，整合了胶州火车站、中铁联集青岛中心站、山东济铁胶州物流园、青岛港等资源，可提供海运、铁运、路运相互转换运输等服务，为上合示范区发展提供运输便利。[①]

基础设施、海关、金融服务机制建设迅速跟进。2018年10月，上合示范区核心区首批26个建设项目集中开工，项目总投资额达437亿元。2018年12月，胶州海关在原青岛检验检疫局胶州办事处和青岛多式联运海关监管中心的基础上成立，[②] 上合示范区内货物通关效率得以大幅提升。同期，上合示范区金融服务中心揭牌成立，国家开发银行等

[①] 《中国-上海合作组织地方经贸合作示范区青岛多式联运中心启用》，中国政府网，2018年7月26日，http://www.gov.cn/xinwen/2018-07/26/content_5309529.htm。

[②] 《青岛海关隶属胶州海关揭牌 助力上合组织地方经贸示范区发展》，央广网，2019年8月6日，http://news.cnr.cn/native/city/20190806/t20190806_524720723.shtml。

机构入驻，为上合示范区建设发展提供金融服务保障。

（二）《总体方案》出炉与上合示范区建设全面启动

2019年5月，为贯彻落实党中央、国务院决策倡议，商务部、山东省人民政府会同有关部门认真研究制定《总体方案》，并呈报国务院。

2019年7月24日，中共中央全面深化改革委员会第九次会议审议通过了《总体方案》，指明了上合示范区的目标定位和发展路径，为上合示范区建设发展锚定航向。其中，上合示范区实施主体为山东省青岛市，实施范围确定在青岛胶州经济技术开发区内；定位为"打造'一带一路'国际合作新平台"[①]，合作对象不仅有上合组织国家，还有"一带一路"倡议沿线国家；主要任务是拓展国际物流、现代贸易、双向投资、商旅文化交流等领域合作，即重点围绕有关领域的"四个中心"建设；依托青岛东临东北亚地区的区位优势以及坐拥全球第六大港——青岛港的运输潜力，上合示范区发展的主要导向为更好发挥青岛在"一带一路"新亚欧大陆桥经济走廊建设和海上合作中的作用，加强中国同上合组织国家互联互通，着力推动东西双向互济、陆海内外联动的开放格局。

2019年9月20日，国务院对《总体方案》进行批复，标志着上合示范区建设的正式启动；同年10月20日，商务部、山东省人民政府联合印发《总体方案》，上合示范区的建设纲领至此尘埃落定。青岛市随即加紧研究编制上合示范区实施方案以及"4+1"中心（国际物流中心、现代贸易中心、双向投资合作中心、商旅文化交流中心、海洋合作中心）建设的具体规划。同时，加速启动上合国贸大厦、上合国际投资贸易博览中心等总投资137亿元的13个功能载体类项目开工建设。为

---

① 《中央深改委：在青岛建设中国－上海合作组织地方经贸合作示范区》，中国商务部网站，2019年7月25日，http://www.mofcom.gov.cn/article/i/jyjl/e/201907/20190702884741.shtml。

支撑上合示范区运行发展，建设好人才队伍，上合示范区确立了"管委会+公司"的管理模式，采取市场化选人用人机制和职员制管理，面向全国选聘专业化干部人才。

上合示范区的建设得到上合组织成员国殷切关注。2019年11月，李克强总理在上合组织成员国政府首脑（总理）理事会第十八次会议上指出，中方正积极建设中国-上合组织地方经贸合作示范区，发挥好青岛的区位、物流、产业优势，为深化上合组织国家地方经贸合作搭建新平台。[①] 此次会议发表的《上合组织成员国政府首脑（总理）理事会第十八次会议联合公报》中提及，各代表团团长支持上合组织国家加强地方交往，欢迎中方在青岛建设中国-上合组织地方经贸合作示范区的倡议。

二、上路篇：组建团队创新管理，科学规划加速建设

新形势下，上合示范区以国内国际双循环的战略链接点为发展定位，继续深入贯彻《总体方案》的要求，通过搭建团队、科学规划、创新机制、大胆探索，走上高质量建设快速道。

2020年1月，山东省成立推进上合示范区建设领导小组，上合示范区作为青岛市委、市政府派出机构，其建设发展得到顶格的统筹协调推进。2020年3月，上合示范区党工委、管委会班子成立，由青岛市委常委兼任党工委书记、管委会主任，从多方面发力加速推进上合示范区建设发展。

一是科学规划优化空间。上合示范区委托清华大学建筑设计院、上海市政设计院，对标雄安新区，开展1000万平方米核心区域城市设计

[①] 《在上海合作组织成员国政府首脑（总理）理事会第十八次会议上的讲话》，中国政府网，2019年11月2日，http://www.gov.cn/gongbao/content/2019/content_5453384.htm。

和地下空间规划，将 480 万平方米的地下空间建筑面积拓展至 550 万平方米，布局更加立体集约。二是创新管理模式。剥离功能区社会事务管理、开发运营职能，落实好"管委会＋公司"模式，设立青岛上合发展集团有限公司，成立现代物流发展等 7 个全资子公司，根据管委会授权负责实施核心区开发建设、园区运营、产业投资、文化交流、商务旅游、海洋科技等业务。① 三是加大招引力度，推动重点项目落户落地。2020 年 6 月，举办上合"一带一路"央企"国际客厅"发布会，推出核心区域总投资 800 亿元的 20 个项目。2020 年 11 月，上合示范区总投资 567 亿元的 20 个重点项目集中开工，涵盖基础设施、装备制造、国际物流、现代贸易、双向投资合作、商旅文化交流、生物医药等。②

2020 年 11 月 10 日，上合组织成员国元首理事会第二十次会议发布的《上海合作组织成员国元首理事会莫斯科宣言》指出，成员国欢迎中方关于在青岛建设上合示范区的倡议③，进一步体现了成员国各方对上合示范区建设的支持、肯定和期待。

三、成势篇：做大平台集聚资源，打响招牌再担重任

（一）全力打造综合性区域开放合作平台

2021 年，恰逢上合组织成立 20 周年，上合示范区也自此迎来发展建设全方位起势、加速成势的关键阶段。2021 年 8 月，山东省、山东

---

① 《上合示范区加速崛起"一带一路"国际合作新平台》，大众网，2021 年 1 月 31 日，http：//paper.dzwww.com/dzrb/content/20210131/Articel10002MT.htm。
② 《上合示范区 20 个重点项目集中开工》，中国政府网，2020 年 11 月 20 日，http：//www.gov.cn/xinwen/2020－11/21/content_5563151.htm。
③ 《上海合作组织成员国元首理事会莫斯科宣言》，人民网，2020 年 11 月 11 日，http：//cpc.people.com.cn/n1/2020/1111/c419242－31926267.html。

省青岛市相继召开领导小组会议，推动形成举全省之力、全市之力建设上合示范区的良好局面。在山东省、山东省青岛市的全力支持下，上合示范区继续做实"四个中心"建设，奋力打造综合性区域开放合作平台，经贸合作平台"硬联通"和经贸示范模式"软联通"两手抓，上合示范区各类功能日益完善，"上合元素"更加突出，在国内和其他上合组织国家中的知名度、吸引力不断提升，招牌愈发响亮。

从2021年至今，在功能载体类"硬件"建设运营上，上合组织国际会议中心等项目开工建设，3万平方米的上合国家客厅、上合"一带一路"央企"国际客厅"建成投用，开始发挥资源集聚效应；全长26.7千米的上合大道开工，将贯通上合示范区核心区、少海片区及临空经济区。2022年10月，青岛城市新地标——总面积16.88万平方米的青岛·上合之珠国际博览中心建成启用。中心集"会、展、商、旅、文"于一体，以"市场化运作+国别文化+展会"的模式运营，为20多个上合组织国家提供文化经贸展示区，将承接上合组织产业链供应链论坛、上合组织国际投资贸易博览会等经贸交流活动。

在制度规则等软实力塑造上，上合示范区相继推出多式联运"一单制"试点、"信用上合"跨境征信服务平台、"上合·银关通"关税保函业务、设立"上合·汇保通"业务代偿补偿资金池等50余项制度创新案例，从企业需求出发搭好商事服务平台，大幅提高跨境贸易便利化水平；上线运行上合"法智谷"涉外法律服务大数据平台。2022年，上合示范区在全国首创推出上合经贸综服平台，旨在打造中国与上合组织国家间经贸资讯服务中心和数据交互中心。该平台正式登陆中国国际贸易"单一窗口"并上线启用，可为贸易主体、物流主体、金融机构、监管机构提供服务，截至2022年底，注册用户累计达456家。[①]

国际经贸合作平台越做越大。上合示范区成功举办2021上合组织

[①] 《上合示范区全国首创推出中国－上海合作组织地方经贸合作综合服务平台》，商务部网站，2022年12月4日，http://www.mofcom.gov.cn/article/gdtb/tbzx/202212/20221203373544.shtml。

国际投资贸易博览会暨上合组织地方经贸合作青岛论坛、第二届"一带一路"能源部长会议、第二届"空中丝绸之路"国际航空合作峰会等重量级活动，举办 2022 全国网上年货节上合组织国家特色商品电商直播暨网上展销等特色活动，取得良好反响。

上合示范区建设动能更足，思路更广，体制机制更高效灵活。2022 年初，青岛市委、市政府设立"一核引领、全域联动"工作机制。为更好整合优势资源，减轻行政负担，胶州市提出建设"全域统筹、一核引领、三区联动"①的现代化上合新区奋斗目标，将上合示范区与青岛胶东临空经济示范区、胶州市统筹一体发展，并专门设立现代化上合新区建设推进委员会落实相关工作。上合示范区核心区开始向去行政化、去开发区化方向发展，由胶州市承接行政审批、疫情防控、综合执法等公共服务和社会事务管理等职能；强化产业策源、对上沟通、政策争取、制度创新、国际合作等平台效应的核心职能；联动中国－上合组织技术转移中心、中俄智能装备创新中心等青岛全域资源，以深化与上合组织和"一带一路"沿线国家地方经贸合作。上合示范区正在构建"管委会＋平台公司＋发展研究院"紧密型一体化工作体系：青岛上合控股发展集团有限公司已于 2022 年 3 月组建成立，旨在服务现代化上合新区建设；正在筹划研究上合发展研究院，以期为上合组织和上合示范区发展提供智力支持。

2022 年 9 月，上合组织成员国领导人签署的《上海合作组织成员国元首理事会撒马尔罕宣言》明确提及，利用青岛的中国－上合组织地方经贸合作示范区平台，进一步深化地方合作。上合示范区抓住契机，积极走出国门开展线下交流推介，加快落实峰会成果。2022 年 10—11 月，上合示范区派代表团赴俄罗斯、哈萨克斯坦、乌兹别克斯坦等国开展系列推介活动，举办了 43 场经贸交流活动，联合青岛市企业与外方签署 8 份合作协议。

---

① 指以上合示范区核心区为引领，胶东临空经济示范区、品质城市示范区、乡村振兴齐鲁样板示范区联动发展。

（二）承接建设上合组织经贸学院重任

2021年9月17日，习近平主席在上合组织成员国元首理事会第二十一次会议上宣布：中方将设立中国-上海合作组织经贸学院，助力本组织多边经贸合作发展。① 商务部随即表示将依托上合示范区设立上合组织经贸学院。作为上合组织经贸学院的推动主体，上合示范区发展路径进一步拓宽，责任更加重大。

设立上合组织经贸学院的决定宣布后，上合示范区迅速以"边培训、边筹建、边争取、边申报"的思路着手筹建事宜，一方面，在广泛征求上合组织国家意见建议基础上，积极开展援外培训和经贸培训；另一方面，推动上合组织经贸学院的实施主体——青岛大学加速启动上合校区的规划建设工作，对过渡期办学点进行装修改造。2022年1月，上合组织经贸学院正式挂牌并召开学院理事会成立大会。

为实现教育部"打造上合组织和'一带一路'沿线国家的教育合作新亮点、教育培训新典范，打造具有国际影响力的经贸研究、人才培养和产学研深度融合新基地"的目标要求，上合组织经贸学院以高端人才培养、高端智库建设、联合科研攻关、科研成果转化为办学定位积极开展建设工作，并逐步探索"需求+培养+实践"的国际教育合作模式。山东省教育厅已启动申办设置独立本科高校程序。

2022年1—10月，上合组织经贸学院已开展跨境进口基础班——哈萨克斯坦专班等71个班次、累计培训5500余人次，涵盖跨境电商、金融经贸、技能培训等领域。此外，上合组织经贸学院还承担了在2022—2024年为上合组织国家培训200名减贫与发展领域专业人才的任务，2022年7月，上合组织国家扶贫培训启动仪式暨预选班2022年山东第一期开班仪式在上合组织经贸学院举行。

---

① 《不忘初心 砥砺前行 开启上海合作组织发展新征程》，人民网，2021年9月18日，http://politics.people.com.cn/n1/2021/0918/c1024-32230577.html。

第二节 上合示范区建设发展主要进展

Part 2　Major Progress in the Construction and Development of SCODA

【内容提要】 自启动建设以来，上合示范区始终按照习近平主席的讲话精神，遵循《总体方案》规划的目标路径，积极开展与上合组织国家相关城市间交流合作，按照"物流先导、贸易拓展、产能合作、跨境发展、双园互动"模式，扎实推进建设区域物流中心、现代贸易中心、双向投资合作中心和商旅文交流发展中心四项核心工作，并取得一系列重要早期收获。上合示范区勇于探索创新、先行先试，初步形成了一批可复制、可推广的发展模式和经验做法，对开展地方经贸合作逐渐发挥示范效应，受到国内和上合组织国家的广泛关注和认可。

Abstract: Since the start of construction, the China – SCO Local Economic and Trade Cooperation Demonstration Area (SCODA) has always followed the spirit of President Xi Jinping's speech and complied with the target path scheduled in the *General Plan for the Construction of the China – SCO Local Economic and Trade Cooperation Demonstration Area* to actively carry out exchanges and cooperation with the relevant cities of SCO member states. By combining the model of "logistics orientation, trade expansion, production capacity cooperation, cross – border development, and dual – park interaction", SCODA has solidly promoted four core work: construction of regional logistics centers, modern trade centers, two – way investment and cooperation centers, and business, tourism, cultural exchange and development centers, achieving a series of important early gains. SCODA has the courage to explore and innovate, and has taken the lead in experimenting. It has initially formed a series of development models and experiences that can be replicated and promoted. It gradually exerts a demonstration effect on the development of local economic and trade cooperation, receiving wide attention and recognition from China and other SCO states.

【关键词】上合示范区；主要进展；"一带一路"倡议；互联互通

Keywords: SCODA, major progress, Belt and Road Initiative, interconnectivity

【作者简介】李琰，中国国际问题研究院欧亚研究所助理研究员。

Author: Li Yan, Assistant Research Fellow at the Department for European-Central Asian Studies, China Institute of International Studies.

2019年9月20日，国务院正式批复《总体方案》，为上合示范区建设按下了启动键。自此，上合示范区紧密围绕《总体方案》中划定的重点任务，大力建设区域物流、现代贸易、双向投资合作和商旅文交流发展四大中心，取得了令人瞩目的进展。立足于山东省和山东省青岛市的区位、资源和产业优势，上合示范区不断推出创新、高效的发展模式和经贸合作制度，日益接近《总体方案》设定的"打造上合组织国家面向亚太市场的'出海口'，形成与上合组织国家相关城市交流合作集聚的示范区"①这一目标，为构建对外开放新格局作出积极贡献。

---

① 《中国-上海合作组织地方经贸合作示范区建设总体方案》，商务部网站，2019年10月29日，http://images.mofcom.gov.cn/oys/201910/2019102818051570.pdf。

一、畅通国际物流大通道，建设国际物流中心

物流先导是上合示范区发展经贸的重要前提和优先方向。2018 年 7 月，上合示范区青岛多式联运中心正式启用，迈出国际物流中心建设的第一步。自此之后，上合示范区依托并放大胶东半岛海陆空铁综合交通网络中心的区位优势，国际物流中心建设取得突破性进展，与上合组织国家、"一带一路"沿线国家的互联互通水平稳步提升，初步打通东接日韩亚太、西联中亚欧洲、南通东盟南亚、北达蒙俄大陆的国际物流大通道，内联全国、外接全球的国际中转枢纽作用和服务地方经贸合作的支撑作用日益凸显。2020 年 11 月，上合商贸物流区与胶州湾国际物流区组成的物流枢纽获评商贸服务型国家物流枢纽。[①]

（一）高质量发展中欧班列（齐鲁号）

为促进中欧班列（齐鲁号）高质量发展，上合示范区多方争取物流发展资金和班列发行计划，制订过境班列扶持政策，积极拓展新线路。2019 年以来，中欧班列（齐鲁号）开行密度加大，运行质量持续提升，路线不断拓展，回程班列数量大幅增加。

2020 年，上合示范区多式联运中心集装箱作业量 76.5 万标箱，增长 14%，开行欧亚班列 401 列，增长 15.9%；2021 年开行国际班列 620 列，同比增长 54.6%，其中海铁联运班列 219 列，回程班列 152 列，是 2020 年的 7.5 倍。2022 年 1—11 月开行中欧班列 699 列，同比增长 33.4%，回程班列屡创历史新高。截至 2022 年 12 月，共常态化开行 29 条国际国内班列线路，其中国际班列线路从 2019 年的 2 条增至 19

[①] 《青岛商贸服务型国家物流枢纽授牌 开通国内外班列 17 条》，青岛新闻网，2020 年 11 月 14 日，https://news.qingdaonews.com/qingdao/2020-11/14/content_22441233.htm。

条，可通达上合组织国家和"一带一路"沿线23个国家的53个城市。①

具体看，"上合快线"班列自2020年4月首发以来累计开行突破800列，②线路近可通达塔什干、阿拉木图、杜尚别、比什凯克、撒马尔罕等中亚城市，远可走"跨里海运输"南线运输通道，以"国际铁路+水运"多式联运方式抵达阿塞拜疆、格鲁吉亚和土耳其等国。此外，上合示范区还开通了齐鲁号"日韩陆海快线""中老国际班列（上合示范区—老挝万象）""上合示范区—匈牙利—塞尔维亚国际班列""上合示范区—德国曼海姆国际班列""上合示范区—撒马尔罕国际班列"，开行全国首班冷鲜蔬菜专列、"铁路快通"专列，首班俄罗斯大豆回程班列、煤炭回程专列等特色班列，在保障粮食、能源供应以及与上合组织国家国际物流供应链稳定方面作出积极贡献。

（二）海陆空铁联动发展

上合示范区借助青岛港的海运、胶东国际机场的空运等运输潜力，与中欧班列实现有效衔接、联动发展，开拓国际道路运输线路，构建国际联运综合港，努力打造上合组织国家货物进入中国和日韩市场的集散枢纽、面向亚太市场的"出海口"。

上合示范区海铁联运箱量连续六年居全国第一。近年来，上合示范区深化与日韩港口对接合作，充分发挥齐鲁号"日韩陆海快线"辐射带动作用，2022年1—6月，该快线开行106列；拓展俄罗斯远东航线货运业务，2022年9月，开行首班"中俄快线（上合示范区—符拉迪沃斯托克港）"航线，全程仅需4天，大大提高了运力和效率。

上合示范区陆续开通多条国际公路运输新线路。2020年6月，上

---

① 《多式联运再添新线路！上合示范区首班南通道"跨两海"中欧班列开行》，中华网，2022年12月18日，https：//sd.china.com/dsyw/20000932/20221218/25699013.html。
② 《中欧班列（齐鲁号）"上合快线"累计开行超800列》，海关总署网站，2022年9月20日，http：//gdfs.customs.gov.cn/customs/xwfb34/302425/4588270/index.html。

合示范区试运行青岛至乌兹别克斯坦塔什干国际公路运输系统定班专线。2021年11月，上合示范区海关监管作业场所和上合示范区国际道路运输集结中心正式启用，并依托该中心顺利发运上合新干线－中欧（匈牙利布达佩斯）公路快线、上合新干线－中俄（莫斯科）公路快线及上合新干线－中哈（阿拉木图）公路快线。2022年5月，开通经红其拉甫口岸至巴基斯坦伊斯兰堡的陆路运输新线路。①

在航空运输方面，积极搭建"空中丝绸之路"。2021年8月，青岛胶东国际机场正式转场运营，开通了至莫斯科、阿拉木图全货机定期直航航线，"上合快航"上合示范区至莫斯科跨境电商包机航线等。

（三）推动现代物流产业集聚

上合示范区不断完善物流配套功能，推动现代物流、跨境电商等产业集聚发展。一是加强与口岸合作，提高境内段铁路物流便利化水平。与霍尔果斯经济开发区、中老磨憨－磨丁经济合作区签署合作协议，争取两大口岸对上合示范区承诺优先检查、优先制票、优先发车等措施，保障通道畅通。二是推行多式联运"一单制"试点改革，建立"一份合同、一张单证、一次付费、一单到底"的全程运输模式，实现单证融资功能、保险功能，建设多式联运"数字一单制"区块链跨境平台。三是探索海关物流监管新模式。2021年，上合示范区海关监管作业场所建成投用，示范区相关企业可享受便捷化通关服务。2022年4月，依托海关监管作业场所建立了机场物流"前置货仓"，实现上合示范区核心区与空港口岸的无缝衔接，节省跨境空运业务的通关物流时间。

在上述政策支持下，上合示范区物流产业规模越做越大，信息化和数字化转型加速。目前已集聚了48家规模以上物流企业，京东亚洲一号青岛物流园、新加坡丰树（上合）物流园等项目已落地运营，中国

---

① 《上合示范区至伊斯兰堡陆路运输新线路开通》，北青网，2022年5月20日，https：//t.ynet.cn/baijia/32792394.html。

外运（上合）智慧物流园、嘉里物流山东区域运营中心、京东跨境电商及智慧物流产业园等项目或竣工或在建。① 2021年，上合示范区物流业产值达到248.6亿元。

上合示范区不断完善保税功能，阿法拉伐自用型保税库、中创天驰智慧冷链保税仓库、烟嘉物流园公用型保税仓库、中燃上合公用型保税仓库相继获批启用，总面积超1.3万平方米。2022年3月，山东省首个临空型综合保税区——青岛空港综合保税区获批设立。

此外，上合示范区还积极拓展国内国际物流合作。在省内层面，设立上合示范区多式联运中心鲁中分中心，深化淄博、青岛两地国际多式联运、交易集散和商务商贸，加强区域内货运资源整合的务实合作；在国内层面，与新疆生产建设兵团第十二师、山东高速物流集团共建山东高速新疆国际物流产业园暨上合示范区新疆分园项目，连接鲁疆两地物流资源，为"一区两园"间产业合作提供物流保障；在国际层面，深化与俄罗斯铁路集装箱运输股份公司、哈萨克斯坦国家铁路公司、阿塞拜疆铁路集装箱公司等合作关系，设立山东高速集团汉堡、塔什干、莫斯科办事处，启用亚欧班列运输客户服务中心，提供覆盖境内外铁路的班列集结、调配、转运等服务。

二、加强贸易合作，建设现代贸易中心

按照《总体方案》的要求，上合示范区广泛搭建合作平台，积极探索创新贸易模式，培育国际贸易竞争优势，现代贸易中心建设取得丰硕成果。2021年，上合示范区进出口总额265亿元，同比增长61.8%；与上合组织国家之间的贸易额从2019年的8.5亿元跃升至40亿元。累计集聚对外贸易企业主体1800余家，涵盖机电产品、农产品、纺织品

---

① 《48家规上物流企业集聚上合示范区》，中华网，2022年5月22日，https：//sd.china.com/dsyw/20000932/20220522/25620146.html。

等多个品类。① 2021年，上合示范区成功入选国家第二批先进制造业和现代服务业融合发展试点、国家服务标准化试点。

一是大力拓展货物贸易合作。吸引环汇通、伊禾农品、山东万晟源国际贸易有限公司等企业，积极开展与上合组织国家矿石、粮食等大宗商品贸易。2020年8月，商务部批复支持上合示范区油气全产业链开放发展。2023年2月，由上合示范区管委会与山东港口集团共建的青岛国际能源交易中心正式揭牌运营。② 截至2022年底，该中心会员企业累计开户61家，已吸引东明石化、青港实华、港航新能源等7家能源企业入驻。原材料贸易方面，2021年12月，乌兹别克斯坦国家商品原料交易所青岛分所揭牌成立，进行棉花、有色金属、化肥等大宗物资交易。拓展汽车出口业务，推动新华锦二手车出口产业园投产运营，开始向哈萨克斯坦、乌兹别克斯坦、蒙古等国出口二手车。

二是跨境电商实现"零"突破。引入传化上合跨境电商综合服务平台、金控跨境电商综合服务平台、上合跨境贸易服务中心和上合跨境电商产业园4个跨境电商平台。2021年6月，"合贸通"跨境电商综合服务平台上线运营，截至2022年4月，有60家跨境电商入驻，跨境贸易额突破10亿元。③ 上合示范区跨境电商监管中心建成投用，助力中小微跨境电商出口企业简化报关流程，降低通关成本。引进天府盛国际物流公司，培育"闪电"跨境电商交易平台，支持区内企业在阿拉木图、塔什干等地自建海外仓和集装箱堆场；落地上合跨境电商分拣中心，构建上合跨境电商俄语平台销售—上合跨境电商分拣中心分拣—上合境外海外仓末端派送的完整跨境电商生态链。

三是有效推进服务贸易合作。上合示范区组织参加中国国际服务贸

---

① 《上合示范区"四个中心"建设　垂直崛起的"一带一路"国际合作新平台》，《齐鲁晚报》2022年9月19日。
② 任献文：《青岛国际能源交易中心揭牌运营——助力上合示范区打造"一带一路"国际合作新平台》，《金胶州》2023年2月20日。
③ 《山东政务信息（2022年第415期）》，山东省政府官网，2022年4月12日，http://www.shandong.gov.cn/art/2022/4/12/art_118717_532259.html。

易交易会并进行多场推介；引进世悠联、中鲁可斯等供应链管理企业，为上合组织国家企业提供运输、货代等服务；引入中关村科学城城市大脑股份有限公司"数字一带一路"业务总部项目、明略科技区域总部及技术研发中心项目，为吉尔吉斯斯坦、塔吉克斯坦等国开展智慧城市建设等服务外包业务。截至2021年底，已有40余家企业纳入商务部服务贸易统计监测直报体系。[①] 在扩大服务贸易的同时持续优化服务贸易结构，2022年1—6月，上合示范区服务进出口12.8亿美元，同比增长280%，主要集中于运输服务、知识密集型服务等。上合示范区积极推进国家级服务业标准化试点建设工作，加强对大宗商品交易平台、多式联运等领域标准体系总体设计研究。

四是国际贸易发展平台搭建初见成效。上合国家特色商品馆、阿塞拜疆国家品牌馆-青岛馆等载体建成并实现常态化运营。上合示范区成功举办2021上合组织国际投资贸易博览会暨上合组织地方经贸合作青岛论坛，邀请了上合秘书处及30个国家的驻华使节参会，来自34个国家的近2000家企业参展，国际化水平之高和规模之大创下青岛专业性博览会纪录。同时，上合示范区与17个国家的4个城市、19个园区签署了合作备忘录。举办2022全国网上年货节上合组织国家特色商品电商直播活动，汇集1500多个品类特色商品，通过淘宝直播等平台开展全网销售，累计销售额近1亿元。[②] 上合示范区积极推动上合国际绿色农产品博览交易中心建设，将围绕辣椒产业建设国家级香辛料交易平台、定价交易中心等，推进与上合组织国家以及"一带一路"沿线国家农产品展销深度合作。

五是多模式推进贸易服务便利化。上合示范区完成山东省首单跨境易货贸易通关测试；编制发布上合贸易指数，体现对上合组织国家的贸

---

① 《中国-上海合作组织地方经贸合作示范区综述》，青岛·胶州市情网，2023年4月12日，http://qdsq-jz.qingdao.gov.cn/jznj_145/2022n_145/202304/t20230412_7113878.shtml。

② 《上合示范区"四个中心"建设 垂直崛起的"一带一路"国际合作新平台》，《齐鲁晚报》2022年9月19日。

易规模、发展速度、贸易质量等发展情况，指导园区企业贸易实践；首创"上合·银关通"保函业务并探索扩大市场应用场景，为白名单企业提供"先放后缴，汇总纳税"的便利服务；建立区关税务企业信用认证协同机制，努力推动与部分上合组织国家实现"经认证的经营者"互认；创新搭建上合经贸综服平台，提供"贸易+通关+物流+金融"为一体的一站式综合服务；与海关共建上合示范区原产地证审签中心，帮助企业规避风险、从低适用税率、降低成本。2022 年，上合示范区签发全国首份对韩国 RCEP 原产地证书、山东省首份中国－新西兰自贸协定原产地声明，建设 RCEP 监管服务创新试验基地（上合）。此外，上合示范区还在友城合作基础上，与有关国家重点城市互设贸易畅通工作组，加强交流协调。

三、加强产能合作，建设双向投资合作中心

上合示范区紧紧围绕扩大城市间合作网络，加强研发和加工领域合作，开展现代农业合作，推进国际园区互动合作，便利优势企业走出去，强化金融支持力度六个方面持续发力，深化与上合组织国家和"一带一路"沿线国家地方经贸合作。不断优化投资环境，积极推动企业"走出去"、加快项目"引进来"，推动境内外"双园互动"发展，着力开展产能、高新技术领域国际合作，与上合组织国家的双向投资规模稳步增长，投资国际化、专业化、市场化水平不断提升。2022 年，青岛市面向上合组织国家双向投资额达 8723 万美元。

第一，打造上合总部经济港。根据《总体方案》"规划建设上合示范区总部经济和科技创新载体"部署要求，聚焦"搭平台、创模式、聚产业、强主体"，在商务部国际贸易经济合作研究院的指导下，按照梯次推进、重点突破、以点带面的原则，启动上合大道新兴产业带和如意湖总部基地建设，立足上合组织国家资源禀赋和产业特色，锚定"上

合+RCEP+工业互联网+'一带一路'"主攻方向和"5-2-1"矩阵式发展路径，聚焦能源、海洋（风电）装备、工业互联网、冷链装备、绿色食品、生物医药六大产业集群精准发力，推动产业链上下游配套企业加速集聚，引导企业、机构设立区域总部、技术研发中心、工业设计中心和孵化器等资本、技术密集型产业导入，打造上合总部经济港。上合示范区注重内联外引、以投促引，招商引资成效显著。在"引进来"方面，自启动建设以来，截至2022年9月，上合示范区累计引进总投资超2000亿元的70多个优质项目落户，包括海尔卡奥斯工业互联网生态园项目、上海电气上合风电装备产业园、尼得科全球电器产业园、上合冷链装备产业新城、吉利卫星上合航天产业园等龙头项目，布局了20个上合元素浓郁的外向型产业集群。在"走出去"方面，努力打造中国企业走向上合组织国家的母港，巴基斯坦瓜德尔港石油炼化项目就是从上合示范区出海。

第二，构建务实合作新平台。落实中国同中亚五国建交30周年元首视频峰会和上合组织成员国元首理事会第二十二次会议精神，积极承办"中国+中亚五国"产业与投资合作论坛和上合组织产业链供应链论坛。为相关国家地方、企业相关投资贸易往来广泛建立沟通桥梁，搭建务实合作新平台、构筑安全稳定新通道。

第三，推动"双园、双区联动"发展，加速产业资源在海外园区与上合示范区之间双向流动。上合示范区已与中白工业园、乌兹别克斯坦鹏盛工业园等境外经贸园区互设联络处，与中哈霍尔果斯边境合作区（哈萨克斯坦）、莫斯科格林伍德国际贸易中心（俄罗斯）、阿塞拜疆阿拉特自由经济区、中启控股集团柬埔寨园区、巴基斯坦海尔-鲁巴工业园、海尔印度北部工业园等37个海外园区和协会建立合作关系[1]，在园区管理、信息共享、产业对接、人员交流等方面开展合作。与中白工业园探索"前半段+后半段"的产能合作新模式，共同开发第三方市场，

---

[1] 《上合示范区，满满国际范》，《大众日报》2022年10月15日。

企业可在中白工业园内进行研发，研发成果在上合示范区产业化。

第四，强化金融赋能，出台并落实多项投资便利化政策，助力园区开发建设和产业发展。揭牌成立上合跨境人民币服务中心，并完成首笔人民币跨境结算。成立上合示范区金融服务中心，吸引国家开发银行、青岛银行等11家金融机构入驻；引入专设银行机构——青岛农商银行上合示范区支行，依托产业基金、投贷联动融资、机构化产品等产品线，加强对示范区金融服务支持①；成功举办首届2021中国－上合组织国家金融合作与资本市场发展论坛；截至2022年3月，与国家电投集团基金管理有限公司、中国－欧亚经济合作基金签约，推动中俄能源基金等总规模200多亿元的54只基金落地；与哈萨克斯坦主权基金对接，依托上海电气上合风电装备产业园，推动在可再生能源发电领域开展双向投资合作。截至2022年8月，上合示范区共有2只QDLP基金试点资格获批，额度达2.5亿美元，进一步畅通境内资金对外投资渠道。②

四、加强商旅文融合，建设商旅文交流发展中心

按照建设"与上合组织国家相关城市交流合作集聚的示范区"的目标要求，上合示范区创新机制、广搭平台，多方位深化与上合组织国家间文化交流、文明互鉴，逐渐建立起民心相通的桥梁，拓展教育、文化、旅游、法律、青年交流等领域合作。

一是增强对外交往，拓展友城合作。与上合组织秘书处建立紧密联

---

① 《上合示范区：全面提升金融服务 助力"一带一路"建设》，商务部网站，2020年4月18日，http://kz.mofcom.gov.cn/article/jmxw/202004/20200402956623.shtml。

② 《总投资额1亿美元！上合示范区第二只QDLP基金试点落地》，《经济日报》2022年8月5日。

络机制，与20个上合组织国家驻华使馆建立常态化联络机制，先后组织上合组织成员国驻华大使山东行、举办外国使节共植"友谊林"等活动。不断开辟对外交往渠道，开创"云聚上合·共谋发展""友城合作·共创未来"线上对话、线下会谈机制，截至2022年底，举办近300场经贸对话活动。2022年上合组织撒马尔罕峰会后，上合示范区勇于"走出去"，先后赴俄罗斯、哈萨克斯坦、乌兹别克斯坦开展专场推介，[①] 助力达成多项协议，以务实行动深化经贸合作。不断扩大国际"朋友圈"和城市间合作网络，促成山东省青岛市与吉尔吉斯斯坦比什凯克市、巴基斯坦费萨拉巴德市、斯里兰卡康提市、亚美尼亚埃里温市签订建立友好合作城市关系协议，有效提升上合组织国家参与上合示范区建设的积极性。截至2023年2月，上合示范区已与18个国家的39个园区和机构签署合作备忘录，并与部分园区互设联络处及对外投资服务中心等。

二是搭建对外交流载体和服务平台。上合示范区推动具有国别文化展示功能的中国巴基斯坦中心、上合特色商品馆、阿塞拜疆国家馆、青岛·上合之珠国际博览中心等项目落地；依托青岛·上合国家客厅，发挥商事服务、商贸展示、商旅保障功能，并且启用上合移民事务服务中心，为来青岛创业的海外人才办理签证、申请居留提供一站式便利服务。

在涉外法律服务上，先后成立上合示范区法律服务保障中心；被司法部授予全国首批法律服务交流合作基地；建设涉外法律服务大数据平台和上合"法智谷"产业集聚区；设立上合示范区国际物流仲裁中心，打造国际商事纠纷解决平台。

三是深化文化旅游交流合作。上合示范区举办首届上合全球人才创新创业大赛总决赛、"相约上合杯"中俄双语大赛、"国际友人@Qingdao"国际交流活动、上合组织国家中文书法大赛、"上合之夏"中国-上合组织国家青年联欢周、上合组织国家媒体智库论坛等60余场活动。其中，"上合之夏"青年文化系列活动已上升为上合组织成员国文化部

---

① 《5天3场海外推介！上合示范区"走出去"让"朋友圈"越来越大》，中华网，2022年11月6日，https://sd.china.com/sdyw/20000931/20221106/25684352.html。

部长会议商定事项，成为上合组织国家文化交流活动的新品牌。此外，上合示范区积极推动旅游合作再上新平台，举办中国－巴基斯坦地方双向旅游推介会。截至 2022 年底，与莫斯科等 9 个城市签署《关于建立旅游城市合作机制的倡议》，发布了超过 20 条精品旅游线路。

四是开展经贸培训和教育合作。上合示范区积极落实上合峰会倡议，加快筹建上合组织经贸学院，依托山东外贸职业学院、青岛大学等资源开展职业技能培训合作，组织援外培训和扶贫培训，涵盖经贸政策培训、青年企业家培养、跨境电商、国际物流管理、纺织技术、新一代通信技术等不同领域。在教育科研合作方面，支持中国石油大学与塔吉克斯坦冶金学院，青岛大学与俄罗斯圣彼得堡大学之间开展国际交流合作。高标准建设中国－上合组织技术转移中心孵化平台，与俄罗斯、哈萨克斯坦等国 22 所高校达成产学研合作意向。

第三节 上合示范区建设发展的基本特点

Part 3 Basic Features of the Construction and Development of SCODA

【内容提要】上合示范区是中国为推进上合组织地方经贸合作提出的重要倡议，对推动上合组织框架下共建"一带一路"倡议具有现实意义。上合示范区在实践探索中逐步摸索出了一套行之有效的办法，其发展体现出自上而下与自下而上相结合、国家发展战略与当地特色相结合、研发与实操相结合、项目建设与人才培养相结合的特点，形成了良好的示范效应。

Abstract: The China – SCO Local Economic and Trade Cooperation Demonstration Area (SCODA) is an important initiative put forward by China to promote local economic and trade cooperation in the SCO, and it has practical significance in promoting the jointly building the Belt and Road Initiative under the framework of the SCO. The SCODA has gradually explored a set of effective methods in practice. Its development reflects the combination of both top – down and bottom – up methods, the combination of national development strategy and local characteristics, the combination of research and practice, the combination of project construction and talent training, forming a good demonstration effect.

【关键词】上合示范区；特点；国家战略；当地特色

Keywords: SCODA, characteristics, national strategy, local characteristics

【作者简介】王海燕,华东师范大学政治与国际关系学院副研究员,俄罗斯与欧亚研究院副院长,哈萨克斯坦研究中心主任;教育部国别与区域研究培育基地中亚研究中心副主任。

Author: Wang Haiyan, Associate Research Fellow at the School of Politics and International Relations of East China Normal University, Vice President of Institute of Russian and Eurasian Studies and Director of the Centre for Kazakhstan Studies of East China Normal University, and Deputy Director of the Center for Central Asian Studies (the National and Regional Research Base of the Ministry of Education).

上合示范区是在"一带一路"倡议提出之后,上合组织作为推进"一带一路"倡议的重要区域经济合作机制平台,在中国坚持顺应世界经济全球化的大势下应运而生。其发展体现出自上而下与自下而上相结合、国家发展战略与当地特色相结合、研发与实操相结合、项目建设与人才培养相结合的特点。

一、自上而下与自下而上相结合

上合示范区是由中国国家主席习近平提出,山东省积极响应,自上而下与自下而上相结合,双向奔赴、多方支持的重大示范引领项目。作为国家赋予的"国之重任",上合示范区建设得到国家、山东省委和山东省青岛市委的高度重视,山东省委主要领导担任组长推进上合示范区建设,举全省之力、举青岛全市之力建设上合示范区。自成立以来,上合示范区每一步发展都充分体现了中央政府全力支持、地方政府积极作为、高效务实真抓实干,成效显著。

2018年6月10日,中国国家主席习近平在上合组织青岛峰会上宣布:中国政府支持在青岛建设中国-上海合作组织地方经贸合作示范区。不久,青岛市成立上合示范区建设领导小组,加快推进《总体方案》编制和报批等工作。

2019年7月24日,习近平总书记主持召开中央全面深化改革委员会第九次会议,审议通过《总体方案》。青岛市先后召开市委常委会、市委十二届六次全会,学习贯彻习近平总书记重要指示精神,对上合示范区建设作出安排。

(一)中央政府自上而下持续的支持提供不竭的动力

自上合示范区成立以来,党中央、国务院及相关部委领导通过会议、论坛、峰会或其他工作机制与上合组织国家领导人之间达成多项合作共识,就上合示范区建设作出相关指示,为上合示范区强化与上合组织国家间地方合作提供了根本原点、逻辑起点和努力方向。通过中国商务部欧亚司、欧洲司等相关国家部委领导和省内外主要负责领导、专家多人次来示范区调研;加强与上合组织秘书处、上合组织实业家委员会秘书处等机构联络沟通,通过实地拜访、视频对接等方式,与上合组织国家各国使领馆加强对接交流并拓宽沟通渠道,持续举办、承接并参与上合组织框架内交流推介活动,密切联系上合组织国家商协会等机构联络,加快构建上合组织国家合作网络;及时报道有关动态,争取获得国内外各界广泛的关注和多方资金、智力、能力建设的支持,搭建起更加广阔的合作伙伴网络。随着对外交流合作不断深入,上合示范区全球"朋友圈"不断拓展,截至2022年底,上合示范区已与俄罗斯、乌兹别克斯坦等上合组织国家相关城市、园区举办经贸交流活动近300场,促成18个国家、39个园区和机构之间建立友好关系。

（二）地方政府自下而上高效铺开多方位工作

山东省委、省政府对上合示范区建设高度重视，紧紧抓住国家赋予山东省这个千载难逢的历史性机遇，深入学习贯彻习近平总书记关于上合示范区建设的重要指示精神，深刻体悟总书记重要指示中蕴含的战略思考和深刻内涵。山东省委书记多次牵头研究部署，提出明确要求，省长多次作出安排。青岛市委、市政府围绕按照中央决策部署和省委、省政府工作要求，先后召开市委常委会会议、市委十二届六次全会，迅速行动，周密部署，组织专门力量，按照中央全面深化改革委员会审议通过的《总体方案》要求和省委、省政府部署，聘请中国国际经济咨询公司等机构，加快编制各项具体规划，抓紧研究制定上合示范区实施方案编制和报批等工作；加强组织领导，完善工作机制，成立国际物流推进、现代贸易拓展、双向投资促进、商旅文化、海上合作交流等专班，统筹推进上合示范区建设工作，各项工作有条不紊扎实推进。

二、国家发展战略与当地特色相结合

建设上合示范区既是国家的战略，更是山东省青岛市的使命、责任和担当。山东省抓住打造"一带一路"国际合作新平台的历史性机遇，积极响应习近平总书记的倡议，将建设上合示范区作为"创业"重要基地，担使命当龙头，将国家发展战略与当地特色相结合，走在前开新局。

（一）国家的地方发展战略

通过几年来的先行先试，大胆创新，建设上合示范区的总体思路渐渐明晰，即"上合策源、临空支持、胶州托底、全域联动"，汇聚各方合力，地方发展的总体思路越发明确，形成区域联动发展的大势。

1. 上合策源

上合示范区主动对接国家有关部委，全力跟进国家领导人与上合组织国家领导人达成的重要共识和商定的重要项目，提升项目含金量。按照"非上莫入"的原则，积极对接与上合组织国家有产能、贸易往来的头部企业，强化制度创新，形成一批可复制推广的经验做法。

2. 临空支持

上合示范区依托胶东国际机场集聚的人流、物流、资金流、信息流和技术流，按照"南客北货"的思路，提升要素整合力、资源集聚力。在南部发展彰显国际风范、符合上合特色的大文旅、大会展，在北部依托山东省唯一一个空港型综合保税区，按照"非空莫入"的原则，发展新一代信息技术等新产业，以及融资租赁、跨境电商、国际转口贸易等新业态，为经贸合作提供新模式、新范例。

3. 胶州托底

强化对上合示范区服务赋能，落实"功能区吹哨、部门报到"工作机制，推动上合示范区去行政化、去开发区化。先行设立综合协调、产业发展、规划建设、社会事务、宣传推介、党建引领6个实体化专班，分头负责上合示范区建设相关工作的组织实施。进一步理顺体制机制，做好兜底性工作，行政审批、规划建设、综合执法、信访稳定、医疗教育等政务服务职责全部由上合示范区所在的胶州市承担，上合示范区只保留"衔接口"。

4. 全域联动

上合示范区联动中国-上合组织技术转移中心、中俄智能装备创新中心等平台、项目，依托全青岛与上合组织国家有进出口实绩的企业，积极对接全国与各上合组织国家进出口头部企业，深化与上合组织国家和"一带一路"沿线国家地方经贸合作，努力将上合示范区核心区打造成青岛与上合组织国家深化合作成果的集中展示区，标志性重大项目、牵引性改革举措的主要承载区。

无论对于山东省还是山东省青岛市，对上合示范区的重视还体现在上合示范区和省内城市、黄河流域省市的联动发展上，即让全省、整个黄河流域都成为上合组织示范区与上合组织国家联动发展的广阔腹地。

（二）结合地方特色，聚焦打造"四个中心"

上合示范区坚定秉承"上海精神"，牢牢把握时代潮流，不断加强团结合作，推动构建更加紧密的上海合作组织命运共同体。主动融入和服务上合组织建设发展，加大相互支持、深化务实合作、加强人文交流、坚持多边主义。锚定更高的目标思路，突出胶州核心区引领，加强青岛全域联动，积极推出新平台、新抓手、新模式、新项目。上合示范区坚持经贸合作平台"硬联通"和经贸示范模式"软联通"两手抓，结合地方特色，集中整合各方资源，高标准建设国际物流、现代贸易、双向投资合作、商旅文交流发展"四个中心"，全力做实、做好上合示范区，打造山东全省更高水平对外开放的新引擎。

1. 国际物流中心

上合示范区强化上合示范区多式联运中心功能支撑，以"海陆空铁邮"五港联动国际超级港为主阵地，以港口型、商贸服务型、空港型（申建）三大国家物流枢纽为支撑，依托空港综合保税区和申建中的国家中欧班列集结中心示范工程、保税物流中心、农产品进口指定监管场地等重大载体，打造东北亚超级物流枢纽。

2. 现代贸易中心

上合示范区持续提升贸易便利化水平，以青岛国际能源交易中心为主引擎，探索上合组织国家地方间能源合作新模式。实施头部企业招引攻坚和贸易倍增"双计划"，引进厦门国贸控股集团有限公司等越来越多的贸易头部企业。实施区关税"双 A 行动"等贸易服务便利化改革"六大行动"，探索开展易货贸易、市场采购贸易等新型贸易业态，推行"跨境电商 + 海外仓"模式，建设 RCEP 监管服务创新试验基地（上合）。加快打造上合组织国家干果等特色农产品集散贸易基地，与上合组织国家贸易额和跨境电商贸易额持续增长。

3. 双向投资合作中心

上合示范区以上合经贸综服平台为主窗口，打造全周期服务综合体。依托上海电气上合风电装备产业园、中集冷链、阿法拉伐等头部企业，促进产业链条上的相关企业在示范区协同联动、有机互补。对标韩国仁川、德国汉诺威，打造国际化的航空城和中国北方工业会展中心，为上合组织国家产能输出、常态交流提供永不落幕的会展平台，与上合组织国家双向投资额不断增长。上合示范区高质量发展向纵深推进，截至2022年9月，总投资2000多亿元的70余个项目"扎根结果"。① 2022年10月，上合示范区、青岛胶东临空经济示范区、胶州市联合举行"上合新区2022年第四季度项目集中签约、集中开工暨2023年投资计划发布仪式"，总投资808.35亿元的34个项目集中签约，总投资499.39亿元的54个项目集中开工。此外，上合新区2023年投资计划同步发布，计划总投资4753.6亿元的254个重大项目对外公布。②

4. 商旅文交流发展中心

上合示范区以青岛·上合之珠国际博览中心为主牵引，坚持"市场化运作+国别文化+展会"。抓牢抓实上合博览会、上合国家客厅、上合"法智谷"3个全维度商贸洽谈、人文交流和商事服务平台，创新上合组织国家旅游城市合作机制，开展多层级商旅、人文、教育、体育、法律交流互动，争取上合博览会升格为国家级。

三、研发与实操相结合

为确保上合示范区始终沿着正确方向推进，真正打造成为立足青岛、辐射山东、服务全国和"一带一路"倡议沿线国家和地区的国际合作新平台，上合示范区持续加强战略研究，注重整合政府、研发、企

---

① 《青青之岛　亲亲上合》，《青岛日报》2022年9月19日。
② 锡复春、刘伟：《上合新区54个大项目集中开工》，《青岛日报》2022年10月27日。

业各方力量，将研究创新成果尽快运用到实际操作中。

（一）深度研究，打造专业化团队

从上合组织各国基础情况、优势产业、龙头企业和中国经贸发展情况等全方位角度对上合组织国家进行深度研究，形成一人"多国多责"、一国多人研究的工作机制，逐步打造一支面向上合组织国家的专业化团队，已完成对俄罗斯、白俄罗斯一些城市的分析、研究并形成城市分析报告。

（二）绘制投资图谱，有的放矢

上合示范区与中国商务部电子商务中心专家、学者密切配合，针对"走出去"项目，以俄罗斯、哈萨克斯坦、乌兹别克斯坦、吉尔吉斯斯坦、塔吉克斯坦五个国家为首批研究对象，开展编制上合组织国家产业投资指南工作，为企业更加稳健地"走出去"提供精准服务。

（三）组建认证技术联盟，注重技术对接

上合示范区与青岛海关技术中心合作，已与俄罗斯、韩国、加拿大等国的检验检测认证机构签署"一带一路"检验检测认证技术联盟合作协议。上合示范区还与青岛海检集团合作，建立与乌兹别克斯坦检验检测认证领域的互通互联，已完成推进思路梳理，成立专项工作小组。同时，上合示范区举办了与上合国家检验检测联盟的视频连线对话会，加强同行间的交流。

（四）加快中国-上合技术转移中心建设，建立共享机制

一是促成技术转移项目。上合示范区通过技术开发、成果转化等服务方式参与钛合金焊接项目、鱼菜共生系统智慧项目等国内外技术转移

几十项。二是高标准建设上合组织孵化平台，吸引万灵盘古、君峰食里、橙果农业等几十家优质企业入驻。三是推进产学研合作，已与俄罗斯、哈萨克斯坦等国几十所高校达成产学研合作意向，与俄罗斯喀山联邦大学、俄罗斯库兹巴斯国立技术大学等学校战略签约。四是建立技术共享机制，与中国－阿拉伯国家技术转移中心、金砖国家技术转移中心、中国－东盟技术转移中心、中国－非洲国家国际技术转移中心等国际技术转移平台探讨建立共享机制，共同推进科技创新合作和技术转移。五是积极开展国际交流合作。开展驻青岛高校大学间学术交流，支持选派汉语教师到上合组织国家孔子学院教学，推动青岛市的中学、大学与俄罗斯等上合组织国家的大学、企业家联合会、科学院等对口机构线上交流，探讨在俄语教学、汉语教学、教育培训、生物医药、科技转化、科研机构和技术转移机构之间的合作等领域开展合作，探讨开展课程合作、课题科研、互访等合作事宜，创办创新创业创意大赛等；举办上合示范区国际创新和产能合作中心揭牌暨上合组织国际创新和产能合作资源数据库启动仪式。六是开展科研合作。与俄罗斯国立石油天然气大学联合申报科技部"一带一路"国际联合实验室；争取教育部支持，山东科技大学"青岛中－乌船舶与海洋工程教育合作平台"项目成功入选部省18个项目共育品牌之一，并获教育部资助。

（五）创新"双园互动"，注重科研转化

上合示范区与境外园区开展全方面务实合作，开展"双园互动"，即中外两个产业园互设办事处，实现"两国双园"优势互补、协同发展、合作共赢。截至2022年8月底，上合示范区已与俄罗斯、乌兹别克斯坦、白俄罗斯建立"双园互动"经贸合作，与上合组织国家37个园区和协会签署合作备忘录。[①] 充分利用上合示范区同国内国外各类产

---

① 锡复春、姜方梅、刘哲昊：《上合示范区－中白工业园揭牌》，《青岛日报》2022年8月31日。

业园区、经贸合作园区建立的合作渠道，依托已成立的上合示范区国际创新和产能合作中心、中国巴基斯坦中心、中国俄罗斯中心等合作机制，组织与俄罗斯国家日古利科技园、伊朗东阿塞拜疆科技园、白俄罗斯国立技术大学及"理工"科技园等境外园区连线交流。加快打造中俄机电产业园平台，成功举办中国（山东）–俄罗斯机电企业推介交流会，协助几十家中俄企业对接，收集中俄双方具体合作意向上百项，全力促进中俄机电企业间项目合作成果落地；成功举办中俄产业园区圆桌会；与乌兹别克斯坦鹏盛工业园等确定签署战略合作协议并互设联络处。加快推进境外经贸合作区建设，巴基斯坦海尔–鲁巴工业园、海信南非家电工业园、中程集团印尼综合产业园、中启控股柬埔寨桔井省经济特区等重点境外合作区顺利推进。

四、项目建设与人才培养相结合

（一）建立并完善上合示范区外语外事人才库

上合示范区管委会对平台公司外语外事人才进行梳理，建立上合示范区外语外事人才库，涵盖俄语、英语、日语、韩语、西班牙语、德语6个语种，对人才库进行动态管理与更新。

（二）组织开展外语外事培训

组织上合示范区外语外事人才参加山东省外办全省英语高级翻译讲座、政府工作报告专题山东省高级翻译讲座、青岛市促进高水平对外开放专题培训班等高能级培训，日常开展政府工作报告翻译、商务接待口译、翻译业务等分享培训交流活动多次。

（三）启动"上合外语晨读营"

以新成立的国际交流合作部为主体，启动"上合外语晨读营"，每天早晨上班前固定时间进行外语集中学习，在上合示范区管委会形成积极上进、钻研业务的浓厚氛围。发挥外语外事人才优势，服务保障重大活动项目。协同上合示范区管委会其他部门参与保障重要活动，参加青岛·全球创投风投大会、跨国公司领导人青岛峰会等，组织"'一带一路'贸易投资企业洽谈会"线上签约项目等，参与保障重大项目建设。抽调工作人员加入青岛·上合之珠国际博览中心国别馆专班，承担与20多个上合组织国家驻华使馆对接、与展陈设计公司沟通等任务；配合做好上合示范区4语种外文网站内容审校和维护更新、公共场所外文审校等工作。

（四）积极筹建上合组织经贸学院，健全人才培养体系

为落实上合峰会成果，按照边培训、边筹建的原则，推进上合组织经贸学院筹建工作。

一是广邀上合组织秘书处领导和成员国驻华大使以及教育部、商务部、外交部和山东省领导线上线下参与，成功举办揭牌仪式，获得广泛而持续的关注与支持。

二是成立学院理事会，已召开上合组织经贸学院理事会成立会议，审议通过学院章程以及理事会理事长、副理事长和秘书长、副秘书长人员名单；产生了院长、执行院长、副院长。

三是健全学院内部治理体系，完善学院组织架构，成立办公室、师资部、国际交流合作部、财务部、保障部、培训中心等部门，配备首批学院工作队伍；制定上合组织经贸学院理事会工作机制、院长办公会工作机制等制度；筹备成立专家指导委员会、学术委员会和教学指导委

员会。

四是积极开展培训研究，广泛征求上合组织相关国家驻华使馆及我驻相关国家使领馆培训需求和意见建议。收到有关开展跨境电商发展、数字营销、跨境供应链管理、数字贸易争端解决机制、标准化和质量保证、数字金融和数字银行等培训需求，根据需求与学院理事会成员单位对接，积极开发相关课程。

五是积极开展援外培训和经贸培训，积极争取承办上合组织国家扶贫培训项目等培训资源，依托青岛大学、山东外贸职业学院、山东科技大学等教学资源开展培训。截至2022年8月，已开展发展中国家青年跨境电商扶贫和可持续发展能力建设研修班（线上）项目、跨境进口基础班-哈萨克斯坦专班、乌干达电子商务及贸易投资促进研修班等援外培训和经贸培训25个班次2800余人参加培训。

六是同步开展宣传，加快建设上合组织经贸学院网站，制作完成学院宣传册、宣传片等形象标识。

七是启动上合组织经贸学院申办工作，省教育厅已启动上合组织经贸学院申办设置独立本科高校程序，相关论证报告已报教育部，且已通过教育部专家评议答辩，待教育部论证答辩结果下发后，方可纳入"十四五"高校设置规划。

（五）着力打造上合组织国家人才创新创业高地

一是建设平台化引才载体，畅通交流合作渠道。上合示范区致力于打造"1+3+N"引才平台载体，与中国科学院海洋研究所等科研院所、山东人才控股有限公司等重点国企，与青岛大学、青岛科技大学等重点高校开展集中战略合作，共建上合组织国际青年创业孵化器等平台载体，将科技创新和人才工作放在更加突出的位置，全力构建校地协同生态，拿出高品质的项目对接高校、对接人才，开放产学研的应用场景；聚焦科技研发、人才引育、成果转化、服务区域经济发展等领域，推动人才、技术、项目、资本等资源在上合示范区、胶州市互动耦合，集聚一批具有人才集聚、原始创新、产业孵化资源优势的高能级平台共建创新共同体，为人才创新创业留足发展空间。目前拥有国家级人才平台载体、省部级人才平台载体和院市级人才平台载体几十个。

二是努力构建政企共赢生态。上合示范区优化"政府＋平台公司＋头部企业＋社会资本"运作模式，发挥国有平台作用，撬动社会资本赋能，设立胶州市人才发展基金，加大种子期、初创期科技型企业支持力度，助力人才破壁出圈；构建最优人才生态，实施青年人才安居行动，推进国际人才社区建设，配套一流教育、医疗资源，建设长江以北第一家人才主题公园，不断优化高品质人才生态，让"重视人才、礼遇人才"成为一种城市品格。[①]

三是创新市场化引才机制，保障产才融合发展。上合示范区推进上合－上海创业港建设，已孵化上百个创新创业项目并成功注册上百家企业，举办各类创业活动几十场；成功引进并纳入胶州市"一事一议"的博士以上高层次人才创业项目、创业创新的博士及以上高层次人才团队项目，引入美国斯坦福大学医学博士在内的海内外专家多人，引进外籍人才和上合示范区急需的小语种人才多人，建立各个产业类别专家库累计专家几百人；启动上合全球人才创新创业大赛，面向全球人才遴选项目，投入上千万创业资金扶持，获奖项目将落户胶州及上合示范区。

四是为外国人来上合示范区就业提供便利条件，积极对接青岛市科学技术局、青岛市公安局，在上合示范区市民服务中心分别设立外国人来华工作许可业务窗口和外国人来华签证业务窗口，为上合示范区建设发展需要的外籍人员申请工作许可、出入境、办理签证、申请居留提供便利。

[①] 锡复春：《共建上合人才创新高地》，《青岛日报》2022年7月7日。

第四节　上合示范区建设发展的有益经验

Part 4　Useful Experience in the Construction and Development of SCODA

【内容提要】 上合示范区建设，没有现成的经验可借鉴。自成立以来，通过大胆改革创新，敢于先行先试，上合示范区不断完善机制建设，找准定位聚焦平台构建，优化环境助力产业发展，重视模式创新多领域突破。一些宝贵的有益经验，可作为上合组织开展经贸合作和上合组织国家共建"一带一路"的良好范例加以推广。

Abstract: There is no previous example to serve as a guide on in the construction of the China – SCO Local Economic and Trade Cooperation Demonstration Area (SCODA). Since its establishment, through bold reforms and innovations, the SCODA has dares to try first and has continuously improved its mechanism, identified its position by focusing on platform construction, optimized the environment for industrial development, and emphasized on model innovation and breakthroughs in multiple fields. Such valuable and benificial experiences can be used as good examples for the SCO to carry out economic and trade cooperation and for the SCO states to jointly build the Belt and Road Initiative.

【关键词】 上合示范区；经验；机制；模式

Keywords: SCODA, experience, mechanism, model

【作者简介】 王海燕，华东师范大学政治与国际关系学院副研究员，俄罗斯与欧亚研究院副院长，哈萨克斯坦研究中心主任；教育部国别与区域研究培育基地中亚研究中心副主任。

Author: Wang Haiyan, Associate Research Fellow at the School of Politics and International Relations of East China Normal University, Vice President of Institute of Russian and Eurasian Studies and Director of the Centre for Kazakhstan Studies of East China Normal University, and Deputy Director of the Center for Central Asian Studies (the National and Regional Research Base of the Ministry of Education).

建设好上合示范区，没有现成的经验可借鉴，需要大胆改革创新。从 2018 年习近平主席宣布在青岛建设上合示范区至今，上合示范区敢于先行先试，取得了一些宝贵启示和有益经验，可作为中国对外开放和与"一带一路"倡议沿线国家合作的良好范例加以推广。

一、机制建设发挥重要的协调作用，充分调动各方积极性

（一）优化完善顶层设计

上合示范区顶层设计不断优化完善。上合示范区以"四个一体化"机制为根本原点，不断对体制机制进行调整，构建起"1＋6＋N"体系。"1"是指成立由上合示范区管委会主任、副主任，上合示范区、青岛胶东临空经济区及胶州市相关领导担任委员的现代化上合新区建设推进委员会，作为最高议事机构，审议事关一体化发展的重要议题。"6"是指推进委员会下设综合协调、产业发展、规划建设、社会事务、宣传推介、党建引领六大专班，由上合组织和胶州市有关领导担任双组

长，负责具体工作的推进落实。"N"是指协同部门单位，与六大专班紧密配合，在推进委员会的统一指挥下，形成上下贯通、强劲有力的组织体系，筑起上合新区建设的"四梁八柱"。根据正式批复的《总体方案》部署安排，按照打造"一带一路"国际合作新平台的总要求，研究制定了《青岛市加快推进中国－上海合作组织地方经贸合作示范区建设实施方案》，明确了上合示范区的实施原则、2022年和2035年两个时间节点的发展目标以及重点建设任务，为上合示范区绘制了清晰的时间表、路线图、责任制。强化责任担当，勇于探路先行，合力提高行动力和协调力，推动上合示范区各项工作高点起步、快速起势。

（二）通过制度机制创新充分释放发展活力

上合示范区不带具体的优惠政策，需要利用这个平台主动探索制度创新，体制机制越灵活，资源要素就越聚集。上合示范区大胆探索，着力推动制度创新，坚持"独特性、开放性、首创性"原则，结合上合组织国家地方经贸合作需要提出政策需求，积极争取先行先试，激发创新发展新动能。

1. 积极争取国家试点试验、政策支持

上合示范区按照建设"双向投资贸易制度创新的试验区"的目标要求提出设想，获批商贸服务型国家物流枢纽、国家先进制造业和现代服务业融合发展试点、国家服务业标准化试点、"一带一路"（青岛）中小企业合作区、全国首批上合组织法律服务委员会交流合作基地，支持建设中国－上合组织技术转移中心，赋予了上合示范区创新发展的先机。上合示范区正以开放倒逼改革，高起点建设制度创新试验区。2022年5月印发《上合示范区2022年制度创新工作行动方案》，以制度创新为引领，围绕国际物流、现代贸易、双向投资、商旅人文交流、科技合作和成果转化、金融开放创新、营商环境优化7个方面，提出了30项制度创新事项。截至2022年5月，上合示范区已落地实施35项富有上合特色的改革创新举措，初步形成了"四便利一领先"的富有上合特色的制度创新框架体系，创新案例中90%以上与上合组织国家相关，涉及物流、商贸、科技、人文交流等多个领域。①

2. 推动省市简政放权，政策赋能

山东省人大审议通过省级行政权力"负面清单"，这一做法被国家发展改革委列入《中国营商环境报告2020》典型案例。省政府出台实施多项政策措施，支持上合示范区加快发展；建成启用上合示范区市民服务中心，实现了省市区三级权力事项融合办理。围绕税收优惠、海关监管和投资贸易便利化、金融开放、国际物流、产业发展、要素流动、机制建设等领域，推动上合示范区与山东自贸试验区青岛片区联动开展一批政策制度创新，形成一批可复制可推广的成果。

3. 深化体制机制改革

上合示范区以体制机制改革为上合示范区建设赋能，已建立"管委会＋公司"管理体制，创新园区管理体制机制。面向青岛全市干部广发"英雄帖"，公开选聘通晓国际商务、经贸、规划、建设等规则、政策和工作的同志担任上合示范区管委会主任、副主任，全部实行职员制管理；面向全国公开选聘中层及以下人员，硕士研究生以上学历占比近半，具有俄语、英语、德语等语言优势人员占比近1/3。设立上合发展集团，成立现代物流发展等多个全资子公司，根据管委会授权负责实施核心区开发建设等工作。

4. 鼓励改革创新、大胆探索

组建上合示范区专家咨询委员会。根据委员会专家的意见，结合实际需要，梳理出了拟向国家、省级层面争取的多条政策清单；委托商务部国际贸易经济合作研究院等多家国家高端智库开展制度创新研究，先后发布多项制度创新案例。在全国率先开展多式联运"一单制"改革试点，首次发布中国对上合组织国家贸易指数，首创"上合·银关通"关税保函业务，搭建了国内首个与上合组织国家间跨境征信平台，高水

---

① 锡复春、王沛沛、岳大伟：《上合示范区发布2022年制度创新工作行动方案》，《青岛日报》2022年5月8日。

平的制度供给体系日趋完善。科学制定发展规划，委托清华大学建筑设计院、上海市政设计院开展1000万平方米核心区域城市设计和地下空间规划，重点开工建设上合组织国家青年创业中心、上合商务中心、上合国际会议中心等重点项目。

5. 通过功能领域合作拓宽对外合作的空间

上合示范区主动与上合组织国家相关城市开展通关、贸易、物流等信息互换共享，推动口岸通关模式改革创新。加强与亚洲基础设施投资银行等多边开发银行、丝路基金、中国－欧亚经济合作基金等合作；建设中国－上合组织法律服务委员会上合示范区法律服务交流合作基地，建设地方国际经贸人才培训基地，提升国际合作服务水平。积极探索自贸试验区青岛片区、自主创新示范区政策向上合示范区延伸，争取在服务业扩大开放、税收优惠、外资准入等领域扩大政策试验范围。同时加强媒体合作，为建设好上合示范区凝心聚力。

二、找准定位，聚焦平台构建

2019年7月24日，中央全面深化改革委员会第九次会议审议通过《总体方案》。会议指出：在青岛建设中国－上海合作组织地方经贸合作示范区，旨在打造"一带一路"国际合作新平台，拓展国际物流、现代贸易、双向投资合作、商旅文化交流等领域合作，更好发挥青岛在"一带一路"新亚欧大陆桥经济走廊建设和海上合作中的作用，加强我国同上合组织国家互联互通，着力推动东西双向互济、陆海内外联动的开放格局。这一重要指示包含上合示范区的目标定位、重点任务、开放格局等方面，明确了上合示范区的内涵和外延。

（一）定位明确

上合示范区的定位是打造"一带一路"国际合作新平台，它面向的是整个"一带一路"区域,而不仅仅是上合组织成员国家,其功用就是东西双向互济、陆海内外联动。从东西双向互济看,上合组织国家主要在中国西侧,上合示范区向东就是面向东北亚,要使东西双向合作在这里交汇、互动,促进共同发展;从陆海内外联动看,山东海洋优势突出,青岛港是全球第六大港,在长江以北地区得天独厚,有条件推动国际间陆海联动,打造长江以北地区国家纵深开放新的重要战略支点。这与习近平总书记要求的将山东打造成中国对外开放新高地和山东省将青岛建成山东面向世界开放发展的桥头堡完全一致。

上合示范区的战略作用对于中国而言,主要是促进两个层面的良性互动。

一是促进国内与"一带一路"倡议的良性互动合作。首先,发挥好青岛东西双向互济、陆海内外联动的"通道"作用。向西,带动黄河流域深化与"一带一路"沿线国家的合作,向东,促进面向东北亚的开放,推动上合示范区成为"一带一路"倡议沿线国家技术、人才、产品的展示交易平台,成为与中国各地对接合作的平台。其次,通过上合示范区带动山东乃至中国北方更好"走出去",进入"一带一路"沿线国家市场。上合示范区青岛多式联运中心已累计开通并将加密开行多条国际国内班列,将拓展货物回运业务;申建国家级商贸服务型物流枢纽,为上合示范区打造国际物流中心。支持家电电子、橡胶轮胎、纺织服装等优势企业在境外建设生产基地和境外合作区;依托跨境电商综合试验区建设,大力发展跨境电商和"海外仓"。最后,通过文化活动加强民间往来,促进民心相通。上合示范区已在多地开展"一带一路"青岛啤酒节等活动,并由中国青岛、德国慕尼黑、美国丹佛和加拿大多伦多四大啤酒节发起成立了国际啤酒节联盟。同时,上合组织国家电影节于2018年在青岛举行。

二是促进上合组织国家与"一带一路"倡议的良性互动合作。上合组织成员国和观察员国都是"一带一路"沿线国家,通过上合示范区促进上合组织国家与"一带一路"沿线国家联系互动,很有意义。

上合示范区搭建这个平台的主要路径是，举办一系列以"一带一路"为主题的会展活动，邀请包括上合组织国家在内的"一带一路"沿线国家参加，以此促进沟通联系和国际合作。青岛举办"一带一路"陆海联动（青岛）高峰论坛、"一带一路"国际健康产业博览会、"一带一路"计算智能前沿学术会议三大活动，邀请中国社会科学院"一带一路"国际智库举办上合示范区暨"一带一路"发展研讨会。同时，举办"一带一路"沿线国家进口商品展，建成青岛·上合之珠国际博览中心，规划建设青岛如意湖上合国际城和上合大道总部经济带等多个领域的合作平台，中国－上合组织技术转移中心2020年12月已落户青岛。青岛港向西对接上合组织国家的港口，向东对接日韩的港口，深化"一带一路"海铁联运服务合作。

（二）构建多领域服务平台，形成合力

上合示范区聚焦地方经贸合作，着力搭建"国际范"综合性区域开放合作平台，并制定通过努力可实现的具体目标。

1. 搭建人文交流合作平台

上合示范区努力将青岛·上合之珠国际博览中心建成集中展示上合特色，集观光、旅游、商品展销、文化交流、会议于一体的区域，丰富上合风情、关键平台支撑的"点睛之笔"。完善上合组织国家特色商品购物、博览旅游、文化体验、特色餐饮、亲子艺术、主题乐园等功能业态，组织"上合之夏"青年文化系列活动、大型室外实景灯光秀、上合组织国家文艺表演等，布局上合示范区成果展，将其打造成中国政府举办面向上合组织国家双多边交往活动的重要载体，企业深化同上合组织国家经贸合作的综合博览中心，民众了解上合组织国家历史人文的窗口。

2. 搭建能源合作服务平台

上合示范区集中力量建设上合组织国际能源交易平台，整合山东大宗商品交易中心、华东石油交易中心等省内其他交易平台资源，推动省

内各类油气企业上线交易，建成全省统一的能源现货交易平台，培育能源全产业链生态，实现百家贸易商入市、年交易额过千亿元、国际贸易额达百亿元，努力打造全省唯一专门从事能源交易的对外开放新平台和国内规格最高、品牌最响的能源交易国际性平台。

3. 搭建数字服务平台

为高标准筹建上合经贸综服平台，上合示范区成立工作专班，调研走访连连国际、世界电子贸易平台等10余家平台，分析研究国内外20个头部信息化服务平台，与海关总署中国电子口岸、山东政务云等20余家机构开展专题研讨，线上线下、多部门对接，建立高标准综合服务平台。在线下，上合示范区联合青岛海关、RCEP企业服务中心、RCEP商务商事中心等多个机构和部门，设立政务服务、原产地证书审签等多个线下中心，为企业提供"一站式"行政审批、涉外公证、原产地证书签发等政务服务，以及法律顾问、商事调解、境外投资、知识产权等定制化服务。在线上，加快上合贸易全链条数字化赋能，完善上合贸易数字化顶层设计，开发上合贸易数字化公共服务，打造集国际渠道、金融服务、物流服务、法律服务、人才服务、科技创新转化服务为一体的全周期服务综合体。特别是围绕通关便利化，集成国际贸易"单一窗口"标准版和青岛海关"互联网＋海关"本地特色服务系统，为省内乃至全国与上合组织国家开展经贸合作的市场主体提供一站式通关服务。如Handle全球根节点基础系统已正式上线并稳定运行，提供国际化标识注册、解析服务、数据管理和运行监测等服务，支撑国际、国内的多种形式数据共享交换，对接RCEP、上合组织国家及"一带一路"沿线国家和地区的相关行业资源，支持建设跨国数据解析创新应用，逐步形成"国际化数据共享交换服务体系"。[①]

4. 打造上合经贸综服平台

国内首个面向上合组织国家地方经贸领域的一站式公共服务平

[①] 锡复春、王沛沛、岳大伟：《上合示范区发布2022年制度创新工作行动方案》，《青岛日报》2022年5月8日。

台——上合经贸综服平台由上合示范区创新推出，2022年11月25日下午，在海关总署、新华通讯社、国家口岸管理办公室等单位的指导和支持下，依托中国国际贸易"单一窗口"，打造中国与上合组织国家间的经贸资讯服务中心和数据交互中心，为上合组织国家间经贸开放融通提供示范方案，该平台1.0版本上线启用，聚焦深化上合组织国家的产业链供应链合作，开发了线上网页、掌上App、线下企业服务中心3个应用载体，共有综合信息展示、综合功能应用、综合数据发布3大主要功能和8大应用模块、73项子功能，嵌入了信用上合跨境征信、通关信息智能查询、转关业务无纸化等特色应用，为中国与上合组织国家间经贸合作提供"贸易+通关+物流+金融"全周期综合服务体系。2023年推出2.0版本，其将叠加制度创新优势，增加跨境电商、跨境结算、跨境贸易等特色功能板块，建立上合组织大数据合作中心，打造上合组织国家企业进入中国的母港、中国企业进入上合组织国家的平台。上合示范区管委会发布15项支持平台高质量发展的政策措施，支持企业积极使用上合经贸综服平台、大力拓展多式联运业务等。截至2022年底，上合示范区管委会与俄罗斯亚洲工业家与企业家联合会等商协会、中俄铁集国际货运代理（北京）有限公司等头部企业、巴基斯坦联合银行股份有限公司北京代表处等金融机构共70家单位企业签署战略合作协议，依托上合经贸综服平台，共同促进上合组织国家间投资和贸易自由化便利化，共建上合经贸"生态圈"。[①]

三、优化环境，助力产业发展

上合示范区抢抓RCEP落地生效机遇和工业互联网等产业关键要素交汇融通的机遇，吸引更多市场主体落户上合示范区，为产业集聚提供

[①] 锡复春、李颖慧、姜方梅：《上合组织地方经贸合作综合服务平台上线启用》，《青岛日报》2022年11月26日。

全方位保障。

（一）做大做强产业链条

上合示范区坚持内引外联、以投促引，产能合作互利共赢。立足上合组织国家资源禀赋和产业现状，推动产业链上下游企业在上合示范区集聚交织耦合。聘任首批"招商大使"，瞄准生物制药、人工智能、新能源等重点领域，推动上下游配套企业加速集聚、协同联动。按照"管委会＋平台公司＋头部企业＋社会资本"合作模式，锚定"上合＋RCEP＋工业互联网＋'一带一路'"主攻方向，依托海尔、中集冷链、益海嘉里等多家（个）头部企业及在建项目，布局多个面向上合组织国家开展经贸合作的产业集群，实施产业链"工赋上合"、供应链"畅通高效"、资金链"春雨润企"、政策链"精准滴灌"等大工程，促进产业链条上的相关企业在上合示范区协同联动、有机互补，培育一批年产值突破100亿、50亿、30亿元的制造业龙头企业。

（二）做深做优金融赋能

上合示范区制定出台《关于增供给 抓创新 促融通 打造上合新区金融综合服务体系的意见》《关于促进上合示范区金融业健康发展的若干政策措施》，实施金融综合服务体系发展战略，聚焦落户金融企业扶持和第三方引荐人奖励出台几十条支持措施，构建全方位、全要素、全周期的金融支持体系，促进各类资源高效集聚，将上合示范区建设成为面向和辐射上合组织国家及"一带一路"沿线国家的综合服务平台，资本、技术、人才的汇聚平台，产业链供应链的耦合平台，经贸合作成果的展示平台。广泛搭建合作平台，吸引上合组织国家和"一带一路"沿线国家的优质资源要素、广阔市场需求，在上合示范区对接交汇。

（三）提档升级物流枢纽

上合示范区统筹多式联运服务功能，大力发展现代物流产业，持续拓展国际物流合作，积极绘制"思维导图"，建立"作战图谱"，优化拓展网络布局，打造海外合作新样板，链接起覆盖省内、辐射沿黄、横贯欧亚、联通日韩东盟的国际物流大通道。

一是创新"友城+物流"模式。挖掘青岛市友好城市资源，推动物流资源与产业需求有效对接，着力破解海外物流通道拓展难题，以中欧班列北线大通道为主轴建立运输通道，拓展海外集结中心、海外仓，织密境外物流网络，全省首个临空型综合保税区——青岛空港综合保税区正式获国务院批复设立，班列服务地方经贸合作的支撑作用日益凸显。

二是搭建跨里海转运通道。建立"哈萨克斯坦—里海—阿塞拜疆—欧洲"跨里海转运新通道，全省首开跨里海转运国际班列，与沿线国家交通部、海关、口岸等相关部门成立跨里海转运协调工作组，共同推进务实合作。

三是抢抓RCEP实施机遇，上合示范区全省首开中老国际班列，已实现常态化开行，输出轮胎、配件、日用品等产品，构建起上合组织国家面向RCEP国家的枢纽节点。

四是发挥陆海联动特色优势。构筑完善仁川、大阪等日韩主要港口经上合示范区通达上合组织国家的海铁联运全程供应链，开行"日韩陆海快线""上合快线"等特色班列。

五是中欧班列多式联运不断创新。针对中欧班列货物配套专窗办理、预约通关、即查立放等监管服务，创新开展"中欧班列+电商出口""中欧班列+冷链快通"等通关模式，持续压缩通关时间，全力助推中欧班列发展。推出全国首班冷鲜蔬菜专列、首班跨境电商专列、首班"铁路快通"专列、首笔多式联运"一单制"提单等。线路持续拓展，运力不断提高。截至2022年底，已常态化开行29条国际国内班列线路，实现跨境电商专列每月1列的常态化运行，通达上合组织国家和"一带一路"沿线23个国家。2022年前10个月上合示范区青岛多式联运中心共到发中欧班列620列，同比增长36.3%。[①] 中欧班列在保障产业链供应链安全畅通、促进外贸保稳提质方面作用愈发突出。

四、模式创新，多领域突破

上合示范区深入研究后疫情时代地方经贸开放合作模式，坚持"走出去、请进来"相结合，发挥制度集成创新牵引带动作用，全力争取需国家、省级层面支持解决的"两张清单"事项落地，新推出多项上合特色制度创新成果，为双多边地方经贸合作提供场景和范例。

（一）探索国别经贸合作新模式

上合示范区通过成立国际合作交流部，加强与上合组织秘书处、上合组织国家驻华大使馆的沟通联系。通过成立上合经贸发展研究院，加强对上合组织国家开展经贸合作的战略研究、国别研究、产业研究、政策研究。依托中国俄罗斯中心、中国巴基斯坦中心等国别中心，深化国别间产业对接、经贸合作、文化交流。

（二）探索国际物流合作新模式

依托"海陆空铁邮"国际超级港，深化多式联运"一单制"试点，加快"数字一单制"区块链平台建设，创新"中欧班列友城互通"等国际物流合作，打造国内领先的多式联运发展运作和通关便利化模式。

[①] 刘兰星、陈星华、周世超：《上合示范区到发中欧班列同比增36.3%》，《青岛日报》2022年11月10日。

探索贸易便利化新模式，推进检验检测、认证认可交流合作，推动与上合组织国家间开展"前置检测、结果互认"；建立区关税部门间企业信用认证协同机制，深化上合示范区、海关、税务三方协作机制，实现海关"经认证的经营者"互认、税务 A 类企业信息互通、数据共享，多部门联动为企业发展持续赋能。探索产能合作新模式，立足上合组织国家资源禀赋和产业现状，探索与中白工业园"前半段＋后半段"模式共同开发第三方市场、"优势产业＋上合赋能"，如与哈萨克斯坦主权基金对接，依托上海电气推动在风电装备、光伏发电领域开展双向投资合作等经贸合作模式，加强上合组织国家国别研究，深化定向招商、精准招商。

（三）探索友城合作新模式

上合示范区争取实现在上合组织成员国均有友好城市或友好合作关系城市，常态化开展"走进友城·合作共赢"活动，促进民心相融相通。

（四）探索国际教育合作新模式

上合示范区聚焦为上合组织国家"育才"，为多边经贸合作"搭台"，加快上合组织经贸学院建设，开展涵盖跨境电商、金融经贸、技能培训等专业领域培训，举办培训班，逐步探索"需求＋培养＋实践"的国际教育合作模式。

在党中央领导下，山东省委把核心区建设作为重大政治任务，部署上合示范区抢抓机遇谋突破，"四个中心"全面起势，常态化开行多条国内国际班列，海铁联运箱量连续 6 年居全国第一。商务部批复支持油气全产业链开放发展，港信期货落户上合示范区。新引进吉利卫星互联网等上百个项目，集聚贸易主体上千家，推出信用上合等几十项制度创新成果，获批商贸服务型国家物流枢纽。启用上合国家客厅、央企"国际客厅",成功举办上合组织国际投资贸易博览会暨上合组织地方经贸合作青岛论坛等经贸活动上百场。科技创新能力不断提升,贸易投资便利化水平持续提高,"上合力量"正托起上合示范区这个国际超级港,朝着打造"一带一路"国际合作新平台的目标阔步前行。

第四章

上合示范区：机遇和挑战

Chapter 4　SCODA: Opportunities and Challenges

第一节　上合示范区发展面临的内外形势

Part 1　The Internal and External Situations Faced by the Development of SCODA

【内容提要】 在乌克兰危机等因素加速全球经济和政治格局重组的背景下，上合示范区发展的内外环境日趋复杂化。后疫情时代全球产业链供应链的集团化、碎片化、近岸化、友岸化趋势，乌克兰危机背景下西方通过制裁和二级制裁威胁对国际产业链供应链的破坏，以及乌克兰危机、能源危机、全球大宗商品价格上涨和通货膨胀等，使上合组织外部经济环境面临巨大的不确定性，给上合示范区的发展带来严峻挑战。与此同时，在多重复杂因素影响下，国内经济发展也面临需求不足、市场主体预期转弱、局部金融风险和地方财政平衡压力加大等挑战，对上合示范区的发展构成现实考验。

Abstract: Against the background of accelerated restructuring of the global economic and political landscape due to the Ukraine crisis, the internal and external environment for the development of the China – SCO Local Economic and Trade Cooperation Demonstration Area (SCODA) has become increasingly complicated. In the post – pandemic era, the global industrial supply chain is featured in concentration, fragmentation, nearshoring and friend – shoring. In the context of the Ukraine crisis, the West threatened to destroy the international industrial chain supply chain through sanctions and secondary sanctions, meanwhile the Ukraine crisis, energy crisis, rising global commodity prices and inflation have brought great uncertainty to the external economic environment for the SCO and posed severe challenges to the development of the SCODA. At the same time, under the influence of multiple complex factors, domestic economic development is also facing challenges such as insufficient demand, weakening expectations of market players, local financial risks and increasing pressure on local fiscal balance, presenting as a real test for the development of the SCODA.

【关键词】上合示范区；世界经济；乌克兰危机；国内经济

Keywords: SCODA, world economy, Ukraine crisis, domestic economy

【作者简介】徐坡岭，中国社会科学院俄罗斯东欧中亚研究所俄罗斯经济研究室主任、研究员。

Author: Xu Poling, Director and Senior Research Fellow at the Department of Russian Economy, Institute of Russian, Eastern European and Central Asian Studies, Chinese Academy of Social Sciences.

上合示范区的建设和发展在当前面临的内外部形势，正如党的二十大报告所指出的那样，世界之变、时代之变、历史之变正以前所未有的方式展开。一方面，和平、发展、合作、共赢是人心所向，是历史潮流。另一方面，受一些国家冷战思维、零和博弈、恃强凌弱等霸权霸道行径的危害，世界和平赤字、发展赤字、安全赤字、治理赤字还在增加，人类社会面临前所未有的挑战。在这一历史背景下，在党领导全国人民在改革开放和社会主义现代化建设事业取得巨大成就的基础上，我们仍肩负着通过高质量发展全面建设社会主义现代化强国的艰巨任务。党的二十大报告指出，高质量发展是全面建设社会主义现代化国家的首要任务。全面建成社会主义现代化强国，经济发展和坚实的物质技术基础不可或缺。为此，需要全面贯彻新发展理念，坚持社会主义市场经济改革方向，坚持高水平对外开放，加快构建以国内大循环为主体、国内国际双循环相互促进的新发展格局。从上合示范区建设和发展的角度看，世界经济形势，国际经济格局，上合成员国的经济发展形势、挑战与经贸合作诉求是上合示范区建设需要关注的主要外部形势和条件。国内经济形势、国家宏观经济战略布局和政策走向等则是上合示范区建设面临的内部形势和条件。

一、当前上合示范区发展的外部形势与条件

（一）全球经济形势与上合组织国家经济发展的总体环境：安全诉求分散发展的注意力

全球经济在 2021 年正在迈入新的历史阶段。全球经济在疫情后期复苏，其增长趋势越来越受到新的供给侧风险的影响。疫情造成的供应链阻隔，贸易保护主义导致的供应链断裂和碎片化，全球能源转型加速造成的能源供需错配和大宗商品价格上涨，主要国家为应对滞胀风险调整宏观政策方向，是全球经济增长和稳定面临的最主要挑战。2022 年 2 月俄罗斯对乌克兰发动的特别军事行动和随之而来的美欧对俄全面制裁，使世界经济增长面临的风险和挑战更加严峻。回望 2022 年，通货膨胀的持续时间及其对全球经济的破坏力不可小觑。全球供应链渐进恢复，但将不同于以往，会迎来许多转变。数字经济加速进化，绿色发展和能源转型加速，成为竞争的核心要义。乌克兰危机和美欧发起的对俄全面制裁也将对世界经济体系产生重大影响，并推动世界经济格局发生重大变革。

经济安全与经济发展正在成为世界各国同等关注的国家战略问题，也成为上合组织面临的两项同等重要的任务。上合组织成员国面临的问题原则上与世界经济正在发生的变化和趋势密切相关。全球化退潮和地缘政治冲突风险上升，使得上合组织在经济合作领域必须同时关注安全

和发展两个主题。

在经济合作领域，上合组织国家正在将经济安全与经济发展作为发展进程中同等重要的两项任务。乌克兰危机的严重经济后果正在给世界经济带来严重冲击，并给上合组织国家的经济发展带来巨大风险。乌克兰危机爆发前的几年里，经济全球化已经面临来自多方面的挑战，自由贸易和世界市场原则受到一些国家贸易保护主义和经济民族主义政策的侵蚀。全球产业链和供应链已经呈现出显著的碎片化、集团化和近岸化发展趋势。乌克兰危机引发欧美对俄制裁，导致对全球供应链的进一步破坏。美欧试图把美元、欧元等国际货币和环球银行间金融通信协会（SWIFT）支付系统工具化、武器化，动摇了以美元为中心的现有国际结算体系。冻结俄罗斯国家外汇储备将对美元和欧元占主导地位的国际外汇储备体系产生负面影响，削弱其作为国际储备货币的信用基础。世界经济正在进入新的发展阶段，世界经济治理体系也迎来变革的关键时期。

通过对俄罗斯实施全方位制裁，美国和欧盟正迫使非冲突当事国切断与俄罗斯的经济联系，这开创了西方集体霸权威胁其他国家经济安全的先例。乌克兰危机引发的能源安全、粮食安全和金融安全等经济安全风险上升。粮食安全形势严峻使欠发达国家经济处于更加不利的地位。历史经验表明，粮食安全有可能引发政治社会危机。制裁还导致资产价格波动加剧，油价预期大幅波动，短期通胀预期上升，加息预期明确。市场避险情绪上升，资本寻找低风险市场，新兴市场国家金融风险上升。

（二）乌克兰危机加剧上合组织国家经济发展风险

上合组织发展20多年来，成员国之间建立了密切的经贸合作关系，乌克兰危机和欧美对俄实施的全面经济制裁给上合组织国家经济带来了难以预测的风险。对俄罗斯而言，美欧制裁对其金融系统、外贸、能源工业、运输和物流以及其他经济部门造成巨大冲击，给俄罗斯的投资吸引力带来风险，引发资本外流，并导致国内工业和居民消费品短缺。俄罗斯被迫采取反制措施，并支持国内企业适应制裁后果，包括外国企业撤出俄罗斯市场的后果。制裁和反制裁的影响已经扩散到第三方国家。为此，俄罗斯正加强与包括上合组织成员国在内的欧亚地区伙伴及世界其他国家的金融、贸易和投资合作，并开辟新的合作领域。对哈萨克斯坦而言，美欧对俄制裁导致哈萨克斯坦与俄罗斯之间供应链断裂，在采矿业、橡胶和塑料制品、贱金属，以及农业、林业、批发和零售贸易、汽车维修、地面和管道运输等领域比较明显。哈萨克斯坦的能源出口面临风险。对乌兹别克斯坦而言，乌克兰危机和美欧对俄制裁导致供应链的进一步中断；消费和投资下降，消费品价格上涨，2022年通胀率达12.25%。对塔吉克斯坦而言，受乌克兰危机影响，2022年第一季度来自俄罗斯的劳务移民汇款明显减少，从俄罗斯返回塔吉克斯坦的劳务移民对塔吉克斯坦政府也有着较大的社会救助需求。对吉尔吉斯斯坦、巴基斯坦等国而言，乌克兰危机引发全球性通货膨胀，加大了输入性通胀压力。

（三）经济绿色转型给上合组织国家经济带来新冲击

全球绿色发展与能源转型加速给上合组织国家经济发展带来巨大挑战。2021年11月，在第26届联合国气候变化大会上，各主要经济体明确了实现碳中和目标的碳减排政策措施和实现碳中和的路径，全球气候议程的实施进一步加速。与此同时，全球石油、天然气、煤炭价格大幅上升，多国遇到缺电、缺气问题。与全球经济绿色转型相关的挑战和能源转型加速对的经济影响未来将持续存在。2022年11月在埃及沙姆沙伊赫召开的第27届联合国气候变化大会要求在行动和补偿方面加快落实相关举措。目前，由于全球经济复苏的不确定性，由需求持续增长推动大宗商品超级周期还不具备。全球绿色发展议程的加速实施和俄欧地缘政治风险正在导致传统的全球能源综合体发生重大变化。一方面，从长远来看，世界经济将向替代能源的主导使用过渡。短期内高油气价格有利于投资者和油气生产商。但从长期来看，将有助于向替代能源过渡，并最终减少对化石能源的需求。这将导致化石能源开采投资减少，短期内能源短缺问题将更加难以解决。另一方面，替代能源产能的增长受限于技术和资金能力，短期内无法完全满足个别国家的刚需。减排和碳中和将减少传统能源的使用。但是，如果替代能源不能完全满足需求，那么化石能源可能会出现短缺，滞胀将不可避免。由于碳中和的限制，传统化石能源生产将呈现减少趋势，从而导致其价格上涨。随着碳税或碳交易定价机制的发展，使用碳的成本将会上升，从而推高其他商品的价格。

上合组织国家既有俄罗斯、哈萨克斯坦和乌兹别克斯坦等全球化石能源生产和供给大国，也有中国、印度、巴基斯坦等能源消费大国。伴随全球经济绿色转型进程，各国经济均纳入绿色发展轨道，但也面临一系列新问题亟待解决。在美欧制裁下，俄罗斯气候战略的实施将进行必要调整，至少在近期，企业生产现代化和使用可再生能源实施低碳项目将受到技术和财务能力限制。预期的经济下滑将导致其无法如期完成所有气候项目。在哈萨克斯坦，能源系统以化石能源为主，向绿色发展转型意味着重大的能源转型。转型的必要性与两个因素有关，一是与现有产能的淘汰有关，二是与哈萨克斯坦致力于通过采取措施减少温室气体排放来减少对气候变化的影响有关。在塔吉克斯坦，气候变化对社会经济发展构成威胁，特殊气候灾害对基础设施、经济活动和社会福祉造成短期和长期破坏。自然灾害每年对塔吉克斯坦主要道路基础设施造成的经济损失总额约为国内生产总值的0.5%。在乌兹别克斯坦，根据联合国可持续发展大会精神，2019年制定通过了向绿色经济转型的战略，设定了到2030年大幅减少碳排放的目标，将在经济各领域引进环境友好型和资源节约型技术，广泛使用可再生能源，使其占总发电量的比重达到25%。绿色发展和能源转型带来的挑战，将对上合组织国家内部的能源供需结构和相应投资带来巨大冲击，这一问题只能通过上合组织国家的密切合作来解决。

（四）全球经济数字化转型加速和上合组织存在的数字鸿沟给地区发展带来挑战

未来20年数字经济将成为全球经济新增长周期的核心动力。数字经济正在从生产、设计、物流、消费和金融等各个环节重塑全球经济生态。在全球数字经济快速发展的背景下，各个国家、地区、阶层、行业和群体之间，不仅共同面对着信息化发展带来的种种机遇，而且各方因在经济、技术、制度和文化等资源禀赋以及基础条件方面的差异，也遭遇到难以逾越的数字鸿沟。在数字鸿沟持续扩大的情况下，如何通过体制变革与政策调整来加强治理，从而为数字经济的普惠性与可持续发展创造更好的环境和条件，已经变得尤为迫切。

数字经济浪潮下的数字鸿沟扩大会加剧经济发展的不平衡性，形成难以逾越的"财富鸿沟"。从全球的范围来看，发达国家和地区拥有着更高的数字经济份额，因此进一步扩大了与不发达国家和地区之间的经济发展差距，甚至在某种程度上形成了"数字霸权"。在数字经济高速发展的背景下，数字鸿沟扩大还将阻碍社会治理能力的提升，并导致在不同社会群体之间形成新的"权利鸿沟"和"知识鸿沟"。另外，数字鸿沟的扩大将拉升整体风险水平，并最终引发不同国家、地区、群体乃至全球的"能力鸿沟"。

上合组织国家的经济基础及能力建设差异引发数字经济发展的非同步性。尽管哈萨克斯坦电子政务发展取得了一定成功，但在信息和通信技术发展中仍然存在一些问题，表现为互联网基础设施能力不足、数字鸿沟、国内技术产品缺乏等，且数字技术在不同领域的影响程度不一。塔吉克斯坦和吉尔吉斯斯坦制定了国家数字化发展战略，但总体上数字化转型仍处于起步阶段。俄罗斯正在实施一些计划，以实现经济、国家治理和行政数字化，并将数字技术引入公共生活。制裁对俄罗斯的数字经济发展构成一定挑战，一些提供数字化解决方案的信息技术公司纷纷离开俄罗斯市场或暂停活动，俄罗斯增加国内产品生产与寻找替代伙伴任务艰巨。乌兹别克斯坦制定通过了《数字乌兹别克斯坦2030战略》，优先发展信息通信技术和数字化，目前处于加速实施阶段。

（五）上合组织国家面临能源安全和粮食安全的挑战

在哈萨克斯坦，原油出口占全国出口总额的52%，且90%销往欧洲地区，如果对哈萨克斯坦实施石油进口禁运，将使其财政预算下降至少50%。鉴于一些国家拒绝进口俄罗斯能源资源，俄罗斯面临重组对外贸易的任务，这与其在欧亚地区实施能源基础设施项目有关。在乌兹别克斯坦，一次能源消费中，天然气占84.7%，水电等绿色能源仅占14.3%。近年来，能源消耗的年需求平均超过供应3%，缺口需要通过从邻国进口填补。未来随着经济发展，10年内乌兹别克斯坦电力需求将翻番。能源转型和地缘政治冲突导致的能源风险将对乌兹别克斯坦的能源安全构成挑战。

就粮食安全看，乌克兰危机加剧了粮食安全危机。哈萨克斯坦是俄罗斯小麦的出口目的国之一，乌克兰危机后俄罗斯临时限制（至2022年6月30日）小麦出口，对哈萨克斯坦的粮食供应构成风险。对塔吉克斯坦而言，确保粮食安全的压力也在上升。对吉尔吉斯斯坦而言，俄罗斯是主要农产品进口来源国，乌克兰危机可能影响面粉、糖和黄油等必需品的供应，引发通胀。乌兹别克斯坦食品进出口大部分来自或销往独联体国家，主要是哈萨克斯坦和俄罗斯。限制进出口业务可能导致食品价格上涨和农产品出口减少。

（六）更多国家申请加入上合组织为扩大经贸合作带来机遇

2022年上合组织峰会召开前后，阿联酋、叙利亚、卡塔尔和沙特等10国请求加入上合组织。上合组织在世界经济面临复杂环境、全球经济格局急剧变化的情况下迎来"扩员热潮"，这表明，许多国家认为西方已经是"不可靠"的合作伙伴，而上合组织作为发展共同体正变得越来越具有吸引力。上合组织追求和平发展的宗旨吸引越来越多国家申请加入，为扩大和深化上合组织的经贸合作提供了机遇和条件。

二、上合示范区发展的国内经济形势和条件

上合示范区的发展是中国经济总体发展进程中的一部分，是中国经济改革开放的缩影和典型。国内经济形势的变化和发展战略的新定位都将成为上合示范区发展的条件和组成部分。

（一）国家发展战略定位：经济发展高质量与经济增长新常态

党的二十大报告指出，高质量发展是全面建设社会主义现代化国家的首要任务。面对百年未有之大变局，中国经济社会运行的基本逻辑发生了重大变化，发展战略因此进行了重大调整。当前国内经济形势可以从两个方面定位：一是高质量，二是新常态。其中，高质量是对中国经济发展新阶段和新的战略任务的定位，是中国式现代化和建成社会主义现代化国家的基本要求。新常态是指风险和挑战更加复杂，经济发展将表现出与过去不一样的特征。在新常态下：一是经济从高速增长转为中高速增长；二是经济结构不断优化升级，第三产业消费需求逐步成为主体，城乡区域差距逐步缩小，居民收入占比上升，发展成果惠及更广大民众；三是从要素驱动、投资驱动转向创新驱动。经济新常态，意味着需要创新宏观调控思路和方式，培育经济发展的持久动力。从根本上说，就是向改革要动力，向结构调整要助力，向民生改善要潜力。经济新常态还意味着要"激活力"，为微观市场主体创造条件，让市场主体真正放开手脚。经济新常态还意味着要"补短板"，增加公共产品有效供给。经济新常态更强调实体经济的基础地位，要"强实体"，在政策层面支持实体经济发展，夯实发展的微观基础。

（二）当前国内经济走出疫情后修复上升势头，未来可期

2023 年以来，稳经济政策效果显现，中国经济走出了疫后修复和政策引导的复苏上升势头。2023 年 1—2 月，中国社会总需求呈现较快回暖迹象。国家统计局公布的一季度数据显示，国内生产总值同比增长 4.5%。结构性数据表明，政府各项稳增长稳就业稳物价政策举措效果显现，积极因素累积增多，国民经济企稳回升，实现了良好开局。

随着疫情防控较快平稳转段，中国经济进入了疫后修复阶段，居民出行和部分服务类消费较快增长。同时为有效推动经济较快回稳向好，按照 2022 年底中央经济工作会议精神和 2023 年《政府工作报告》要求，积极的财政政策加力提效，稳健的货币政策精准有力，中国多项政策靠前发力推动经济进入复苏上升轨道。

受基建投资增速加快、制造业投资保持高韧性等影响，固定资产投资实现较快增长。2023 年 1—2 月，基建投资累计同比增长 12.2%，较 2022 年全年提高 0.7 个百分点，比去年同期提高 1.6 个百分点。在疫情影响显著降低和政策支持下，制造业投资保持较高韧性。2023 年 1—2 月，制造业固定资产投资累计同比增长 8.1%，在 2022 年同期基数抬升的情况下，仍维持较高增速。受益于防疫措施优化、消费场景修复，前期被抑制的部分服务消费得到集中释放，消费呈现出良好增长势头。工业品价格指数同比降幅扩大，消费品价格指数同比温和上涨，部分服务类价格较快提高。

（三）国内经济运行的外部条件和环境仍然严峻

美国加息周期接近顶部，但美国债务问题和通胀问题仍难以解决。虽然受 2022 年同期基数抬升影响，美国通胀的同比读数继续趋于下降，但 2023 年一季度通胀环比增幅较高。在这种情况下，尽管美国出现银行流动性危机，但美联储仍选择继续加息。随着实际利率提高，美联储

前期加息的经济收缩效应逐步显现，经济下行和衰退概率上升。与美国经济当前的主要问题相似，欧洲银行流动性问题和通胀问题同样严重，欧洲央行也延续了继续加息的政策。欧美大量主要经济体经济紧缩和下行风险加大，使得全球经济增长所面临的不确定性高企。特别是2023年一季度美欧部分银行爆发的流动性危机，其长期影响还有待观察。在经历了2008年国际金融危机和2011年欧债危机后，美欧金融监管明显加强，银行体系整体资本充足率和资产质量较高。在经过快速处置之后，由部分银行流动性危机引发系统性金融风险的可能性较小。但美欧经济紧缩和一些国家在国际储备货币方面的去美元化，导致的长期结构性影响是国际经济不确定性风险中的深层次问题。

第二节　上合示范区发展的优势和有利因素

Part 2　Advantages and Favorable Factors for the Development of SCODA

【内容提要】 在百年未有之大变局下，上合示范区的战略价值凸显，面临发展的良好机遇。上合组织新一轮扩员加速，为上合示范区发展提供了更为广阔的空间和发展的良好机遇。上合示范区本身具有得天独厚的区位和地理便利，依托具有国际竞争力的山东区域制造业和服务业产业优势，发展潜力巨大，前景看好。

Abstract: As the world is undergoing accelerating changes unseen in a century, the strategic value of the Shanghai Cooperation Organization Demonstration Area (SCODA) is highlighted, witnessing good development opportunities. The new round of expansion of the Shanghai Cooperation Organization has accelerated, providing a broader space and good opportunities for the development of the SCODA. The SCODA itself has a unique location and geographical convenience. Relying on the advantages of the Shandong regional manufacturing and service industries enjoying international competitiveness, it has huge development potential and a promising prospect.

【关键词】 上合示范区；扩员；区位优势；制造业；服务业

Keywords: SCODA, membership expansion, location advantage, manufacturing, service industry

【作者简介】 徐坡岭，中国社会科学院俄罗斯东欧中亚研究所俄罗斯经济研究室主任、研究员。

Author: Xu Poling, Director and Senior Research Fellow at the Department of Russian Economy, Institute of Russian, Eastern European and Central Asian Studies, Chinese Academy of Social Sciences.

上合示范区的发展面临重要的历史机遇期，同时也拥有一系列不可替代的优势。这些有利因素将助推上合示范区下一步的发展。

一、上合示范区发展迎来了新的历史机遇期

首先，上合示范区定位明确，2022年上合组织撒马尔罕峰会再次确认了上合示范区的战略作用，这是上合示范区发展的历史机遇。

上合示范区是上合组织推进经贸务实合作的重要平台和关键抓手。上合组织从最初的安全组织向安全与发展并重的区域合作组织转型，发展合作面临一系列挑战。其中，最主要的挑战是上合组织各成员国经济发展水平差异大，合作诉求复杂多样，组织内共同的贸易便利化和机制化建设推进不易。因此，各成员国退而求其次，对组织内小多边、次区域性质的地方经贸务实合作热情很高。这正是2018年党中央决策设立上合示范区的初衷。实践证明，这是一项符合历史发展大势、契合上合组织成员国经贸务实合作实践要求的战略布局。2022年在撒马尔罕举办的上合组织成员国元首理事会第二十二次会议再次确认了这一平台的战略作用。

上合示范区成立以来，在平台建设、机制创新和贸易、物流、投资、人文交流与人力资源培训等领域的建设方面取得了显著成就。一些成功案例，包括拓展跨里海运输走廊，建设亚欧班列运输客户服务中

心，打造多式联运综合服务平台，试点合格境内有限合伙人制度，建设汇率避险"公共保证金池"，建立区关税务企业信用认证协同机制，实现中俄报关单跨国"一单两报"，建设"一带一路"检验检测认证技术联盟等，都在实践中推进了上合组织国家之间的经贸务实合作发展。上合示范区取得的上述成就和进展与示范区定位明确、针对性强、合作模式和重点把握准确到位密切相关。

《上海合作组织成员国元首理事会撒马尔罕宣言》提出，推动上合组织框架内服务贸易合作和服务业发展，推动实业界关于加强合作的联合倡议，完善项目融资保障，建立上合组织开发银行和发展基金，支持上合组织成员国扩大本币结算份额，加强数字经济领域合作，支持数字技术发展，这些合作都可以在上合示范区平台开展和尝试。

上合示范区有一支年轻、专业的干部和管理、服务人员队伍，工作高效尽责。上合示范区立足青岛，背靠山东腹地，具有知名国际货运物流港口、海铁联运节点、中欧班列节点等区位优势，具有山东高水平工业化产业和技术优势，具有悠久的对外开放历史和经验等国际经贸合作优势，具有金融经济、知识经济、智能信息经济等先进技术业态优势，在上合组织国家中占据技术、产业、人才、资本、管理和制度体制创新高地。相信在未来的发展中一定能探索出推进上合组织国家地方合作的有效路径和模式，打造一流的国际合作平台。

其次，在百年未有之大变局背景下，更多国家申请加入上合组织，为上合示范区扩大合作范围、深化合作伙伴关系、提高合作水平提供了新的历史机遇。

世界百年未有之大变局正在加速演进，世界进入新的动荡变革期。人类社会正站在十字路口，面临前所未有的挑战。上合组织作为国际和地区事务中重要的建设性力量，勇于面对国际风云变幻，牢牢把握时代潮流，不断加强团结合作，推动构建更加紧密的上合组织命运共同体。正因此，上合组织作为权威性区域合作平台的地位不断增强，影响力不断上升，希望加入这一机制的国家不断增多。

上合组织诞生于冷战结束后新旧国际秩序转换的关键时期，以敢为人先的非凡勇气和创新精神开启了不断探索的创新历程，逐步摸索出一条符合本地区实际、切合成员国需求的新型合作之路。"上海精神"崇尚互信、互利、平等、协商、尊重多样文明，谋求共同发展，是对传统冷战思维的否定，是对零和博弈观念的超越，是对文明冲突论调的摒弃。上海合作组织倡导和践行不结盟、不对抗、不针对第三方的原则，坚持大小国家一律平等、协商一致，为地区和全球治理贡献了新理念，开创了结伴而不结盟、合作而不对抗的新型国家关系模式。这是上合组织的吸引力和影响力所在。

上合组织以开放包容、兼收并蓄的合作精神，构建了多层次伙伴关系合作网络，并通过夯实合作基础获得不断发展。2017年，印度和巴基斯坦加入，上合组织首次成功扩员，开始形成由8个成员国、4个观察员国（蒙古、伊朗、阿富汗、白俄罗斯）、6个对话伙伴国（土耳其、亚美尼亚、阿塞拜疆、柬埔寨、尼泊尔、斯里兰卡）组成的三位一体伙伴关系网络。在2022年撒马尔罕峰会上，针对越来越多国家申请加入上合组织，中方和其他成员国一道平等协商，决定接收伊朗为成员国，支持启动白俄罗斯加入程序，批准埃及、沙特、卡塔尔，同意巴林、马尔代夫、阿联酋、科威特、缅甸为新的对话伙伴国。上合组织迎来新一轮最大规模扩员，巩固扩大了作为世界上人口最多、幅员最为辽阔的地区合作组织的地位和影响，再次彰显出"上海精神"的生命力、凝聚力和吸引力。

上合组织所倡导的合作精神和合作原则，为推动国际秩序的公平、民主发展做出了贡献，并得到越来越多国家的认可。撒马尔罕宣言重申坚持以"公认的国际法原则，多边主义，平等、共同、综合、合作、可持续安全，文化文明多样性"为基础，在联合国中心协调作用下，通过各国间平等互利合作，构建更具代表性、更加民主公正的多极世界秩序。成员国基于《上海合作组织宪章》原则，反对通过集团化、意识形态化和对抗性思维解决国际和地区问题，坚持统筹应对传统和非传统领域安全威胁和挑战。各方重申共同推动构建相互尊重、公平正义、合作共赢的新型国际关系和人类命运共同体具有重要现实意义。成员国主张尊重各国人民自主选择的政治、经济、社会发展道路的权利，强调相互尊重主权、独立、领土完整、平等互利、不干涉内政、不使用或威胁使用武力的原则是国际关系可持续发展的基础。成员国愿进一步加强政策沟通、安全合作、贸易畅通、资金融通、民心相通，共同构建一个和平、安全、繁荣、清洁的世界，实现人与自然的和谐共生。

上合组织的上述精神、原则和主张带来的吸引力、影响力，为上合组织国家之间的经贸务实合作创造了条件，也为上合示范区的发展创造了更加有利的外部条件。这是上合示范区发展的新历史机遇。

二、上合示范区的区位和地理优势

中央选择在青岛建设上合示范区，正是看中了青岛优越的发展条件和良好的区位优势。

（一）上合示范区依托青岛这个国际物流运输中心，通过海陆空铁连接华北腹地和国际市场

上合示范区位于青岛港后方，而青岛位于山东半岛，环黄海。对外地处日韩港口群中心地带和"一带一路"海陆十字交汇点，占据有利区位；对内地处环渤海地区及长江三角洲港口群，是黄河流域九省区的经济出海口。在参与国内国际双循环过程中，青岛港具有"双节点"价值。青岛港是中国的大型港口之一，青岛港通过铁路和高速公路连接内地和周边地区，形成了完整的交通运输网，有利于促进物流业的发展。同时，青岛港正在筹建集装箱深水中转港，有利于提高青岛港的吞吐量。青岛港的对外辐射区域广，包括日韩、东南亚、欧美等地区，业务量大，是中国与其他国家进行业务交流的重要窗口。

继长三角、珠三角之后，环渤海经济圈也逐渐发展起来。而青岛港正处于环渤海经济圈中间，受环渤海经济区的影响，青岛港得到了一定的发展，也得到了更多机会。环渤海经济圈正处于高速发展时期，能够吸引更多的企业，增加了货物的运输量，为青岛港提供了更多运输机会。随着时代的发展，经济全球化已经成为一个不可逆转的趋势。在这种情况下，青岛港有着背靠中国大陆面向太平洋的独特优势，在国际航运上具有一定的优势地位。经济全球化的发展促进了国与国之间的经济往来，国与国之间的货物运输量也会相应增加，而青岛港作为中国货物走向世界各国和接受世界各国货物的重要港口，可以得到极大的发展。

根据上述优越的区位条件，青岛建设的航运中心是一个综合的运输中心，即把航运中心作为支撑点，充分发挥山东这个经济大省的作用，向渤海和黄河两个区域扩展延伸，争取尽可能增加青岛港的覆盖率，促进青岛港吞吐量的快速增长。同时，青岛港把山东半岛的港口和支线作为发展基点，与天津等港口争揽中转货源，促进港口自由贸易区的发展，建设东北亚物流中心——以腹地运输为主、中转为辅的国际航运中心。

近些年，青岛把建设"五个中心"作为经济发展的战略布局。五个中心包括金融中心、贸易中心、旅游中心、信息中心和航运中心。除此之外，随着青岛工业的发展，青岛"工业中心"的地位也越来越被大家所承认。从具体情况来看，这几个中心互相促进、协同发展。有智库分析，青岛的经济应该发展成为像上海、香港、深圳这样的大型港口城市。因此，青岛除了原有的几个中心之外，还具有建设物流中心、商贸中心的潜力。这为上合示范区的发展提供了条件。

（二）良好的基础设施条件在双循环新发展格局下更有利于发挥上合示范区的战略作用

上合示范区在中央的开放定位中，是上合组织国家中开展多层次、次区域多边合作的战略平台，这和青岛作为中国对外开放前沿和区域经济中心的战略定位是相同的，而且两者是相辅相成、相互促进的。山东自贸试验区、上合示范区、经济循环"双节点"、东北亚物流枢纽、"一带一路"倡议区域协调发展等多个政策叠加为青岛赋能，为港口发展带来重大利好。国家为支持运输发展，推出降本增效等措施，随着青岛市政策的落地，青岛港的营商环境得到明显优化，运输效率得到提升，成本得到降低，对发挥东北亚航运枢纽作用，畅通国内外经济循环产生积极影响。

经过多年的发展，青岛港航道泊位、装卸设施、集疏运条件、经营管理等基础设施规模和等级日趋完备。青岛港于 2017 年投入运营自动化码头，开始走上绿色智慧发展的道路，并于 2021 年建成投用全球首个空中轨道集疏运系统，为港口的生产运营注入新活力，使港区更加智能化、便捷化。青岛港海陆运交通便利，纵横连接华东、华北、中南大片宽阔地域，水路可达全国沿海各港口，并有上海、大连、广州 3 条国内客运航线。港区铁路专用线达 12000 多米，与胶济线相接，形成通往全国各地的交通网络，为其直接腹地青岛市提供了强有力的支持和保障。青岛交通发达，已基本形成了以港口为枢纽，以铁路、公路、航空、管道为基干的立体交通网络。

港口是综合交通运输枢纽，是中国经济社会发展的战略资源和重要支撑，是连通国内、国际两个市场的关键节点，对畅通双循环具有基础性、枢纽性作用。长期以来，中国因参与国内国际双循环而带动港口经济的发展。同时，港口经济也是中国经济社会发展的重要组成部分。新发展、新关系、新格局要求以双循环相互促进为互动关系，既要求扩大内需，又要求进一步开放融合，统筹兼顾，引导各项要素全空间合理流动，使国内外循环相互完善。构建双循环新发展格局，势必会给国内港口和航运的循环运行带来新的市场需求。而青岛港作为参与国内外循环的"双节点"，不仅拥有多项政策支持，而且还有国内规模生产形成的出口效率优势叠加强大的消费市场进口需求优势，也迎来了新价值、新机遇，其规模化、贸易化新发展态势即将呈现。

三、依托具有国际竞争力山东区域
制造业和服务业产业优势

（一）青岛制造业的国际竞争优势是上合示范区国际合作的产业依托

当前，伴随着新一轮科技和产业革命的步伐，全球发展开启了新一轮的制造业竞速。特别是数字化浪潮下的先进制造业为经济贡献的不再仅仅是劳动岗位和生产制造收入，日趋鲜明的智能化、网络化、服务化特征让制造业开始展现出强大的溢出效应，成为跨界带动服务业等其他产业发展的重要力量。在发达国家和先进城市，制造业都已重新被放回到发展的中心位置。

青岛拥有较好的制造业基础。某种意义上，也正是在制造业的强力拉动下，青岛实现了改革开放以来的地区经济跨越。青岛加快培育和发展新兴产业，是青岛制造业在上合组织国家中处于领先地位并具有强大国际竞争力的最重要驱动力。特别是近年来，青岛在新兴产业上取得了不小的突破。芯恩半导体公司、富士康半导体高端封测项目等的相继投产，让青岛集成电路产业踏上了新起点；美锦能源、金能科技等项目的加快推进，进一步完备了氢能产业链；华人运通高合汽车销售服务总公司落户青岛，填补了青岛在高端新能源汽车领域的空白。目前，在青岛的发展规划中，引进和培育更多龙头项目和领军企业，在新一代信息技术、新能源汽车、生物医药、人工智能、虚拟现实等重点布局产业领域实现更多突破，推动新兴产业发展由量变走向质变，是青岛地区经济发展的基本定位。

除了在新兴产业发力，青岛的优势产业和传统产业也是地区制造业发展的压舱石，表现出强大韧性。2021年，全市规上工业累计增加值同比增长8.1%，与2019年同期相比增长14%，两年平均增长6.8%。

将新兴产业从"小苗"培养为"参天大树"通常需要较漫长的过程，产业要稳住发展的基本盘，就离不开既有存量产业的支撑。2021年，青岛最具代表性的两大优势产业——智能家电和轨道交通装备在国家先进制造业集群竞赛中胜出，既标志着国家对两大产业实力的认可，也为两大产业未来的发展进一步明确了方向。青岛在打造世界级产业集群，充分发挥龙头企业在技术创新、本地配套等方面的带动优势，探索产业集群化发展新路径等领域，也采取了切实有效的政策举措。其中，数字化改造是这些布局的核心。青岛在工业互联网领域发力多年，如今已形成了良好的工业互联网产业生态，一大批先行者为各行各业均树立了标杆。青岛正在利用数字化转型，推动更多中小企业"触网""上云"，提质增效，从而带动装备制造、高端化工、食品饮料、纺织服装等传统产业升级。

（二）山东制造业大省和强省的地位为上合示范区开展国际务实合作提供了雄厚的产业基础和广阔腹地

山东制造业的发展成色是上合示范区快速发展的坚强后盾和底气所在。山东2021年制造业增加值超2.3万亿元，占全国7.5%；中国制造业企业500强数量居全国前列；41个工业大类齐全，市场、人力等资源充沛，综合配套能力国内领先；制造业投资年均增长10%，高于全部投资5.3个百分点……细数山东制造业"家底"，根基牢固、配套完备、优势明显、后劲充足，已成为全省经济社会高质量发展的重要支撑。山东制造底蕴雄厚，优势明显。2021年，全省规模以上工业企业资产规模达到10.9万亿元；实现营业收入10.2万亿元，规模居全国第三位；高新技术产业产值占规模以上工业产值比重达到46.8%；拥有规模以上制造业企业3.16万户，累计培育国家级制造业单项冠军企业145家，数量居全国第二位；累计培育国家专精特新"小巨人"企业362家，居全国第三位。

作为经济大省、工业大省、制造业大省，山东制造业很早就瞄准了更高端的发展目标,把先进制造业视为新旧动能转换的关键发力点,将加快打造先进制造业强省作为贯穿全省产业发展的主脉络,依托自身优势基础,积极谋划,长远布局。

(三) 青岛地区发达的生产性服务业是制造业发展和上合示范区建设的核心竞争力所在

上合示范区的发展,是贸易合作、产业链供应链合作和制造业合作的综合,发达的生产性服务业是上合示范区发展的保障。

随着科技革命和产业变革不断演进、升级,青岛的生产性服务业正在与先进制造业的融合发展中向制造业产业体系加速渗透,深度嵌入产业链价值链体系,在多层次的融合发展中催生出更多新业态新模式。在要素融合层面,青岛正依托企业实践,推动生产性服务作为制造业中间投入要素的比重不断提高,推动服务业在整个产业链、价值链中创造的产出和价值不断提高。从居家大件物流领导品牌成长为引领场景物流生态品牌,日日顺供应链围绕客户在采购、生产制造、销售以及服务交付等环节供应链管理需求,提供的不仅是端到端送达的物流服务,而是包括信息系统服务、订单管理、报关商检、运力服务、仓储布局及管理、末端用户配送安装服务以及逆向物流等于一体的供应链规划设计方案。

在技术赋能层面,技术创新不断提升生产性服务业对制造业的服务能力,加速了产业融合进程。青特集团提升汽车零部件智能制造水平,建设生产线设备联网智能管理系统,关键设备利用率提升10%、产品质量提升3%、产能提升5%,自主研发数字化工艺管理系统,实现测量数据全过程可追溯。中车股份以数据支持智能化管理和服务,优化异常处置流程,异常处置时间缩减10%,通过产品部件二维码实现一车一档数字化管理,准确率达到100%。

在企业创新层面,两业融合让企业转型升级步伐加快、路径增多,一些制造业企业转型为"制造+服务"或服务型企业,一些服务业企业向制造环节延伸。汉缆股份以智能制造技术和信息化技术相结合改变传统的电缆制造业，建立电工装备智慧物联平台，打造"超高压电缆智能制造生态体系"，成为国家"新基建"战略的服务推动者。深耕软件和信息服务业的青岛海信网络科技股份有限公司在轨道交通领域连续多年保持高研发投入，产品水平稳步提高。

在两业融合的探索中，青岛以服务制造业高质量发展为导向，推动生产性服务业向专业化和价值链高端延伸，带动制造业能级不断跃升，不断拓展产业增值"新赛道"，不断放大"青岛制造＋青岛服务"的耦合效应。

（四）山东强大的民营经济是上合示范区的活跃主体

民营经济是扩大对外开放的"动力源"，推动经济发展的"生力军"，驱动科技创新的"主引擎"。上合示范区在合作主体方面具有良好的区域民营经济发展基础。

山东是民营经济大省，民营经济占据山东经济的"半壁江山"。近年来，山东坚持把民营经济作为全省高质量发展的重要支撑，出台一系列政策措施，不断优化民营企业发展环境，民营经济发展取得新成绩。数据显示，山东民营市场主体数量从2016年的617.7万户增加到2021年的1311.8万户，2022年上半年达到1369.3万户。2021年山东民营经济贡献了全省50%以上的国内生产总值，60%以上的投资，73%的税收，84%的城镇就业，占市场主体的90%以上，占据全国民营经济500强企业的十分之一。可以说，山东发展的活力很大程度取决于民营经济的活力，山东发展的后劲很大程度取决于民营经济的后劲。

第三节　上合示范区发展存在的挑战和问题

Part 3　Challenges and Problems Existing in the Development of SCODA

【内容提要】 上合示范区建设存在两个层面的挑战和问题，一是地区整体的安全和发展环境欠佳，二是示范区自身存在的问题和不足。当前，上合组织覆盖地区安全赤字仍然突出，恐怖极端势力较为活跃，阿富汗问题复杂化。各国发展道路和治理模式尚未定型，发展和治理赤字不时引发社会动荡。不少国家投资环境欠佳，贸易和投资保障机制不足，贸易便利化、自由化水平有待提升。微观层面，上合示范区本身也存在各种问题有待解决，包括与上合组织国家的经贸联系弱，历史积淀少，人才储备不足；对外沟通交流不畅，知名度和号召力不高，产业界"朋友圈"不够广，聚集和调动资源的能力有限；争取到的国家扶持政策不多，园区内的"上合元素"不浓，这些都需要上合示范区在探索和发展中解决。

Abstract: There are two major types of challenges and problems facing the construction of the Shanghai Cooperation Organization Demonstration Zone (SCODA). One is that the security and development environment remains not good enough for the region as a whole, the other is the existing problems and deficiencies within the demonstration zone. At present, the security deficit in the areas of Shanghai Cooperation Organization is still prominent, with active terrorist and extremist forces and complicated situation in Afghanistan. The development paths and governance models of various countries have not yet been well constructed or formed, and the development and governance deficits have caused social unrest from time to time. The investment environment in many countries remains lagging behind, and the trade and investment protection mechanism is in sufficient. Therefore, the facilitated and liberalized trade is in urgent need. At the micro level, there are various problems within the SCODA that need to be resolved, including weak economic and trade ties with SCO states, lack of historical accumulation, and insufficient talent pool; limited and inadequate external communication as well as lagging ability to pool and mobilize resources. Meanwhile, the reputation and awareness of SCODA shall be increased with international circle of friends expanding. And problems of limited national policy support and lack of SCO characteristics should also be well resolved.

【关键词】青岛；上合示范区；挑战；问题；投资环境

Keywords: Qingdao, SCODA, challenges, problems, investment environment

【作者简介】李自国，中国国际问题研究院欧亚研究所所长、研究员。

Author: Li Ziguo, Director and Senior Research Fellow at the Department for European – Central Asian Studies, China Institute of International Studies.

上合示范区在取得显著成绩的同时，也面临日益严峻的挑战和困难。政治安全方面，地区恐怖主义活动猖獗，阿富汗问题依然复杂，"伊斯兰国"分支机构"呼罗珊省"不断制造暴恐事件。在各种不利因素叠加影响下，不少上合组织国家内部出现社会动荡，甚至政府更迭。部分国家间关系紧张，传统安全威胁回归削弱合作动力。经济合作方面，受地缘冲突拖累，多数上合组织国家经济增速下降，汇率不稳；部分国家投资环境欠佳，投融资机制不够完备。就上合示范区发展而言，由于成立时间较短，知名度不够，合作伙伴不广，"上合元素"不浓，人才队伍不足，这些问题都需要上合示范区在发展中解决。

一、区域发展环境有待改善

就上合组织空间看，还面临着不少挑战和威胁。安全方面，阿富汗问题难解，"三股势力"活跃；经贸方面，存在制度性保障不足、一体化水平不高、投资环境不佳等问题。

（一）"三股势力"等对地区安全稳定的威胁未减

上合组织地区一直是"三股势力"活跃的地方，"伊斯兰解放党"、"乌兹别克斯坦伊斯兰运动"、"基地"组织、瓦哈比派、"圣战"组织、"萨拉菲"极端组织等恐怖和极端主义势力在该地区都比较活跃。恐怖袭击事件不时发生。2022年5月，塔吉克斯坦东部的巴达赫尚地区发生袭警事件，造成1名军官死亡，13名士兵受伤。2022年12月，巴基斯坦的瓜德尔港遭遇袭击，多艘船舶受损严重。恐怖分子跨境流动、贩毒及其他跨国性犯罪对地区国家构成越来越大的威胁。

阿富汗问题难解，阻碍地区形成统一发展空间。随着"伊斯兰国"在中东覆灭，极端分子向中亚和阿富汗回流，特别是向阿富汗聚集。2022年1月，塔吉克斯坦总统拉赫蒙在集体安全条约组织首脑峰会上表示，在塔吉克斯坦与阿富汗边境处大约有6000名恐怖分子，训练营和训练基地超过40个。[①] 在塔利班重掌阿富汗政权后，国际社会未承认

---

① Рахмон заявил, что у южных границ ОДКБ насчитывается более 6 тыс. Боевиков, https://tass.ru/mezhdunarodnaya-panorama/13384409.

塔利班政权的合法性，一定程度阻碍着阿富汗融入地区经济合作进程。国际社会对阿富汗援助与实际需求存在较大差距，阿富汗人道主义危机未解。阿富汗国内的安全形势依然紧张，暴恐事件不断。2022 年 9 月，"伊斯兰国"分支机构"呼罗珊省"袭击了俄罗斯驻阿富汗大使馆，造成两名大使馆工作人员死亡。同时，阿富汗与周边国家摩擦不断，包括与关系最密切的巴基斯坦也多次因边境反恐问题发生冲突。"伊斯兰国"分支机构"呼罗珊省"更是向塔吉克斯坦、乌兹别克斯坦等国发射火箭弹，试图挑起阿富汗与周边国家的冲突。"三股势力"对经济合作造成的影响体现在两个方面：一是对经济合作项目造成直接经济损失，投资企业不得不提升安保投入，拖延工程进度，增加建设和运营成本。二是间接影响投资者的信心，降低投资意愿。如，由于阿富汗安全形势不佳，多个涉阿的投资项目迟迟无法落地或进展缓慢，如连接土库曼斯坦、阿富汗、巴基斯坦、印度的天然气管道工程"塔比项目"（TAPI），多年进展不大。

（二）部分国家发展模式仍未定型，国家间关系紧张

欧亚地区是上合组织的"大本营"，但各国自独立以来，发展道路还未定型，仍在探索之中。经过议会制的失败后，2021 年吉尔吉斯斯坦修宪重回强势总统制。2022 年哈萨克斯坦修宪，决定从"超级总统制"转向总统制。塔吉克斯坦准备开启"子承父业"的权力交接模式。虽然各国发展均取得有目共睹的成就，但也积累了不少经济和社会问题，影响着社会的稳定。如，2022 年 1 月，哈萨克斯坦因能源价格上涨诱发大规模社会抗议，并被部分势力利用，演变成"以颠覆政权为目的的恐怖暴乱"。2022 年 7 月，因修宪内容被刻意误读，乌兹别克斯坦的卡拉卡尔帕克斯坦共和国部分民众在恶意势力煽动下发生抗议示威，并演变成骚乱。2022 年 7 月，斯里兰卡因经济形势恶化发生大规模社会抗议，政府倒台。

上合组织地区是多种文明的交汇之地，既有悠久的友好交往史，也

有复杂的矛盾和分歧。除有领土和边界纠纷外，近年，塔吉克斯坦和吉尔吉斯斯坦多次爆发边境冲突，已造成百余人死亡；阿塞拜疆与亚美尼亚围绕纳卡冲突不断；俄罗斯对乌克兰开展特别军事行动，冲突直接导致俄欧关系恶化，并产生外溢效应，美欧向地区国家施压，试图使更多国家加入反俄阵营，为国家间关系发展蒙上阴影。上合组织覆盖的空间仍不稳定，在百年变局和地缘博弈下存在不少的"脆点"，拉高了投资风险。

（三）不少上合组织国家的投资环境不佳

近年，在世界银行公布的《营商环境报告》中，欧亚国家的排名都有所提升，特别是俄罗斯、哈萨克斯坦、乌兹别克斯坦等国提升速度较快。但由于执行力差、腐败掣肘等问题，账面上的营商环境与实际的营商环境有不小差距，外国投资者对投资环境改善的切身感受度并不高。在实际经营过程中，投资者往往会遇到市场准入、国民待遇、土地使用、劳工配额、签证、税收等诸多困难。也正是因为不够准确，世界银行决定停发《营商环境报告》。①

不少国家采用的技术标准来自苏联国家标准，该标准与国际通用标准差别很大，与中国的技术标准也存在较大差别。能够接受中方标准的上合组织国家并不多。在建设过程中往往需要相互转换，费时费力。"人治"的情况比较明显，而政府官员的更替又比较频繁，行政效率低，办事拖沓，常有故意拖延以索贿的情况。当地政府承诺的优惠政策落实因人而异，往往执行不到位。在欧亚地区，存在难以言表的"中梗阻"现象，即使高层已经达成一致，但到执行层面就大打折扣。上合组织在统一规则、制度、管理、标准等方面还有很长的路要走，形成透明、可预期的投资环境任重道远。

---

① 世界银行拟于2023年发行首份《宜商环境报告》，以取代运行了17年的"营商环境"项目。

各国为增加本地就业，不同程度地限制外国劳工比例。如，2009年哈萨克斯坦正式通过《关于企业和国家相关采购商品、实施工程（服务）过程中"哈萨克含量"的若干问题的规定》，规定了本国商品、服务在工程建设和投资中的比重，包括劳工比例。该政策并无特别之处，但问题在于，哈萨克斯坦不少行业自身的商品、服务、人员供给不足，如专业技术设备本国不生产，专业技术人员匮乏。对大型投资企业来说，要完成"哈萨克斯坦含量"所规定的"比例"并非易事，而养一些"闲人"凑数又会增加企业成本。

（四）贸易和投资制度性保障不足

上合组织本身在经贸合作方面有不少短板。一是上合组织国家的经济规模、发展水平、融入全球化的程度差别很大，经济诉求很难统一。根据世界银行的统计，2021年，上合组织国家国内生产总值总和约为23.3万亿美元，中俄印三国占比达到97%。[①] 上合组织还有一些成员国尚未加入世界贸易组织，乌兹别克斯坦于2019年启动加入世界贸易组织的谈判，现尚未完成谈判进程。白俄罗斯于2022年才提交关于加入世界贸易组织进程的提案，在地缘冲突激烈的背景下，白俄罗斯的入世之路将更加艰难。俄罗斯担心上合组织的经贸合作会影响其主导的欧亚经济联盟发展，对上合组织框架下经济一体化缺乏兴趣。在此情况下，上合组织经贸领域虽制订了经贸合作纲要及落实计划，但执行力差，真正落地的多边合作项目少。如，在第一版的《〈上海合作组织成员国多边经贸合作纲要〉落实措施计划》就提出，组织开通经上合组织成员国境内线路的示范性集装箱班列，所有成员国有效利用上合组织成员国的海运港口能力，比较上合组织成员国国家标准和高精度测量手段方面开展合作。这些不错的想法在上合组织框架内一直无实质进展，最后只能通过"一带一路"倡议变成现实。

---

① 世界银行网站，https://data.worldbank.org.cn/?locations。

二是融资机制薄弱。上合组织开发银行和专门账户已探讨多年,但迟迟未能建立,多边项目缺乏丰富的融资渠道。投资能力方面,主要成员国和观察员国对外投资能力不足,对华投资更弱。中国与各国的投资合作中,以中国对外单向投资为主。

三是投资制度保障过时,急需签订新版投资保护协定。《中华人民共和国政府和吉尔吉斯共和国政府关于鼓励和相互保护投资协定》是1992年签署的;《中华人民共和国政府和俄罗斯联邦政府关于促进和相互保护投资协定》是2006年签署的;《中华人民共和国政府和乌兹别克斯坦共和国政府关于鼓励和相互保护投资协定》1992年签署,2011年补充签署了《中华人民共和国政府和乌兹别克斯坦共和国政府关于促进和保护投资的协定》。总体来说,这些文件已经不能适应新的现实。

四是从自贸安排看,上合组织空间分割明显。中国目前签署了21份自由贸易协定,包括全球最大的自由贸易协定《区域全面经济伙伴关系协定》,上述自贸安排中,与中国签署自贸协定的上合组织国家很少,成员国中只有巴基斯坦,对话伙伴国只有柬埔寨和马尔代夫。正在与中国商谈自贸区的有斯里兰卡和海湾阿拉伯国家合作委员会。中国与上合组织国家中最主要的贸易伙伴——印度、俄罗斯、中亚成员国都没有自贸安排,也没有开启谈判进程。这意味着,中国与这些国家的贸易自由化和便利化水平均不如其他地区,如日韩、东盟等,贸易成本也大于后者。

二、上合示范区面临的主要问题

中方提出建设上合示范区的倡议,一方面是希望带动上合组织经贸合作,促进地方发展;另一方面是因为上合组织框架下的经贸合作遇到障碍,传统的政府主导、大项目带动模式难以持续,需要另寻他路。因此，上合示范区本身就是"摸着石头过河"，需要开拓创新。目前，上合示范区建设时间尚短，对内对外的知名度和号召力都不高，与上合组织国家企业、商协会合作渠道不够宽，产业界"朋友圈"不够广，聚集资源的能力有限。

（一）上合示范区的历史和地理短板

山东省位于中国的东部沿海，而青岛市则位于山东省的最东面，与上合组织早期成员国中亚国家和俄罗斯的经济中心地区相距遥远。中亚地处欧亚大陆的腹地，山东省与之贸易需要跨越整个中国，青岛市的海运优势难以发挥。虽然与俄罗斯可以部分发挥海运优势，但俄罗斯远东地区是俄经济落后地区，铁路等基础设施落后，其主要港口的疏散能力弱，堆箱情况严重。俄罗斯现在正大力发展远东基础设施，但形成运力尚需时间。

山东省与上合组织主要成员国经贸联系偏弱，缺乏历史积淀，上合示范区建设几乎是从零做起，难度之大可想而知。山东省的传统经贸伙伴是东盟、欧盟、美国、韩国、日本、巴西、澳大利亚，在上合组织国家中，俄罗斯和印度是主要经贸伙伴，二者合计占山东省与上合组织国家贸易额的85%左右，即便如此，俄印两国在山东省贸易的比重也不大，仅占6%上下。

表4-1 山东省与俄罗斯、印度贸易额及占比情况

（单位：亿元人民币）

国别	俄罗斯		印度	
年份	金额	占比	金额	占比
2021年	1272	4.3%	608	2.1%
2020年	939	4.3%	410	1.9%
2019年	1025	3.8%	401	2%
2018年	912	4.7%	354	1.8%

续表

国别	俄罗斯		印度	
年份	金额	占比	金额	占比
2017 年	725	4.1%	307	1.7%

数据来源：济南海关网站，http://jinan.customs.gov.cn/jinan_customs/zfxxgk93/3014222/3014291/500344/3532744/index.html。

注：山东省进出口总额 2021 年为 2.93 万亿，2020 年 2.2 万亿，2019 年 2.04 万亿，2018 年 1.93 万亿，2017 年 1.78 万亿。

（二）竞争对手众多，需奋起直追

上合组织是中国开展与周边国家合作的重要平台，各地政府都希望借助上合组织平台开展与邻国的合作。在交通物流、博览会等方面上合示范区都是后来者。特别是"一带一路"倡议提出后，双多边的经贸合作迅速铺开，取得丰富成果。交通物流方面，江苏省的中哈连云港国际物流合作基地 2014 年 2 月签署合同，2014 年 5 月一期就已投产。哈萨克斯坦对该项目高度重视，将其视为走向太平洋的关键出海口，连云港在这方面已获得先发优势，上合组织框架下确定的六条走廊中，连云港被确定为东部的起点。早在 2017 年 5 月，在国铁集团倡议下，中铁集装箱公司与重庆、成都、郑州、武汉、苏州、义乌、西安七家中欧班列运营企业共同成立了中欧班列运输协调委员会。西安、成都、重庆、郑州、乌鲁木齐等中欧班列五大集结中心早已运行，且占据了区位优势。

博览会和经济论坛方面，上合示范区面临的竞争压力更大。2010 年，经中央政府批准，乌鲁木齐对外经济贸易洽谈会升格为博览会，新疆维吾尔族自治区开始举办中国-亚欧博览会，至 2022 年已举办了七届。由于有多年的历史积淀，第七届博览会签约项目达 448 个，金额超过 1 万亿元人民币[1]。西安的欧亚经济论坛于 2005 年开始举办，其首届

---

[1]《第七届中国-亚欧博览会落幕签约金额过万亿元创下多个"之最"》，中国亚欧博览会官网，https://www.aexfair.org.cn/newdetail/2663。

论坛就是由上合组织、联合国亚洲及太平洋经济社会理事会和国家开发银行主办，规格很高。2009年，时任国家副主席习近平出席了第三届欧亚经济论坛并发表重要讲话。迄今，该论坛已举办了九届，西安成为了永久性会址。中国－俄罗斯博览会历史最久，最早名为"中国对苏联、东欧国家经济贸易洽谈会"，2014年更名为中俄博览会，是经中俄两国政府批准举办的国家级、国际性大型展会，由俄罗斯和中国轮流举办，中方永久轮值举办城市为哈尔滨市。2019年6月，在哈尔滨举办的第六届中国－俄罗斯博览会和第三十届哈尔滨国际经济贸易洽谈会的主题恰恰是"中俄地方合作：机遇、潜力与未来"。中俄双方各设了主宾省州，中方的主宾省为广东省，俄方主宾州为萨哈（雅库特）共和国，地方合作成为关键词。

能源贸易方面，上合示范区将国际能源交易中心作为建设重要方向，但早在2013年经证监会批准在上海就成立了上海国际能源交易中心，主营原油期权、期货，另外还经营低硫燃料油和20号胶期货。2015年，在国家发展和改革委员会、国家能源局指导下，上海市政府又批准设立了上海石油天然气交易中心，主营管道天然气和液化天然气的挂牌和竞价，目标是成为亚太地区的石油天然气交易及定价中心。因此，对上合示范区来说，要申请再设立一个国际能源交易中心的难度不小，面临的竞争压力更大。上述博览会、论坛等面向的主要是上合组织国家，上合示范区与其既是伙伴，也是竞争对手。

此外，以上合组织为主攻方向的示范区很多，包括广西壮族自治区防城港市的国际医学创新合作示范区、陕西杨凌的上合组织农业技术交流培训示范基地、上海的上合组织国际司法交流合作培训基地，分别聚焦各自主业进行深耕。上合示范区起步较晚，不易聚焦，脱颖而出的难度较大。

（三）政策扶持情况

一般来说，上合示范区建设属于零起步，具有探索性质，建设难度大，应从国家层面给予一定的政策和资金支持，使上合示范区具有吸引力，方便"筑巢引凤"。但目前未出台专门针对上合示范区建设的特惠政策，多项任务需上级政策支持才有可能。如，作为海陆空港，上合示范区尚未申请到中欧班列集结中心的资质，能源交易中心、保税物流中心、特色农产品监管场地等示范区的关键发展载体，没有一定的政策支持也很难做大做强。以免税为例，根据《海南自由贸易港建设总体方案》，海南自由贸易港有专门的进口征税商品目录，目录外货物进入自由贸易港免征进口关税。对在海南自由贸易港工作的高端人才和紧缺人才，其个人所得税实际税负超过15%的部分，予以免征。离岛免税购物额度为每年每人10万元等。[1] 中哈霍尔果斯国际边境合作中心针对入区游客也有相应免税额度。根据国务院下发的《国务院关于中国－哈萨克斯坦霍尔果斯国际边境合作中心有关问题的批复》，对旅客携带物流从中心进入中方境内的，同意在按照海关现行有关规定进行管理的基础上，将每人每日一次携带物品免税额提高到8000元人民币。[2] 上合示范区拟建设青岛·上合之珠国际博览中心，没有相应的"免税离区"优惠措施，很难聚集人气，形成示范效应。

机制建设方面，针对海南自由贸易港，专门成立了海南推进自由贸易港建设工作小组，由国家发展和改革委员会、财政部、商务部、中国人民银行、海关总署等部门分别派出干部驻海南实地指导，形成了联动协调机制。

（四）上合示范区人才储备不足

上合示范区旨在打通和解决上合组织经贸合作的难点和痛点，具有

---

[1] 《中共中央国务院印发〈海南自由贸易港建设总体方案〉》，中华人民共和国中央政府网站，http://www.gov.cn/zhengce/2020－06/01/content_5516608.htm。

[2] 《国务院关于中国－哈萨克斯坦霍尔果斯国际边境合作中心有关问题的批复》，霍尔果斯市人民政府网站，http://www.xjhegs.gov.cn/xjhegs/c114513/202003/9abaa3495ebd4741bcc6c21d349bc4f8.shtml。

探索性质，需要时间，逐渐积累经验，修正错误，摸索对上合组织国家经贸投资合作新路径，不断丰富"上合元素"。但上合示范区成立时间不长，人才储备不足，开展对外合作的基础设施薄弱，语言和经贸专业人才短缺。在短时间内，上合示范区还无法对上合组织国家进行深入的研究，既没有形成上合组织26国的国情信息库，也没有上述国家的企业数据库。补齐这些短板需要大量的人员和资金投入，也需要时间来积淀。

第五章

上合示范区：目标和任务

Chapter 5   SCODA: Goals and Tasks

第一节　上合示范区的发展方向和主要任务

Part 1　The Development Direction and Main Tasks of SCODA

【内容提要】上合示范区是探索区域经济合作新模式的先行区。恰逢百年未有之大变局，有必要进一步明确上合示范区的功能定位和发展方向，高效高质开展国际物流、现代贸易、双向投资合作、商旅文交流等领域合作，将上合示范区打造成上合组织地方经贸合作的样板，进一步推动上合组织与"一带一路"倡议协同发展。

Abstract: The China – SCO Local Economic and Trade Cooperation Demonstration Area (SCODA) is the pioneer for exploring new models of regional economic cooperation. Coinciding with the major changes unseen in a century, it is necessary to further demonstrate the positioning and development direction of the SCODA by carrying out efficient and high – quality cooperation in the fields of international logistics, modern trade, two – way investment cooperation, and business, travel and cultural exchanges. The SCODA will be built into a model for local economic and trade cooperation of the Shanghai Cooperation Organization, further promoting the coordinated development of the Shanghai Cooperation Organization and the Belt and Road Initiative.

【关键词】上合示范区；地方经贸合作；"一带一路"倡议；发展方向

Keywords: SCODA, local economic and trade cooperation, Belt and Road Initiative, development direction

【作者简介】韩璐，中国国际问题研究院欧亚所副所长、副研究员。

Author: Han Lu, Deputy Director and Associate Research Fellow at the Department for European – Central Asian Studies, China Institute of International Studies.

2019年7月24日，习近平总书记作出重要指示，在青岛建设上合示范区，旨在打造"一带一路"国际合作新平台，拓展国际物流、现代贸易、双向投资合作、商旅文化交流等领域合作，更好发挥青岛在"一带一路"新亚欧大陆桥经济走廊建设和海上合作中的作用，加强中国同上合组织国家互联互通，着力推动东西双向互济、陆海内外联动的开放格局。当前，国际形势加速演变，上合组织经济合作也面临着转型升级任务，进一步明确上合示范区的发展方向和主要任务，将会推动上合示范区更加有效运作，为上合组织区域经济合作取得丰富成果提供更多实际行动和实践探索。

一、上合示范区的发展方向

历经20余年发展，上合组织区域经济合作快速发展，取得了令人瞩目的成就，大大提升了区域整体经济水平，并惠及各国人民。当前，上合组织区域经济合作已步入新阶段，作为区域经济合作重要组成部分的上合示范区的功能定位和发展目标则需更加明确，以便推动上合示范区高效高质建设，为拓展和深化区域经济合作发挥样板作用。

（一）上合示范区的功能定位

上合示范区建设的功能定位决定了上合示范区的发展方向，功能定位模糊、不准确，将影响上合示范区的健康可持续发展。

第一，创新合作模式的平台。自成立以来，上合组织建立了自上而下的政府主导型经贸合作机制，即总理会议机制、部长级会议机制、高官会、经贸各领域工作组，保证了各项决策的落实，形成了政府主导、大项目带动的合作模式。伴随区域经济合作的不断深化，合作领域不断拓宽，这种自上而下、由政府主导的合作机制短板逐渐显现，层级过多、程序较长导致协调成本过高，常常事倍功半。与此同时，扩员后各国之间经济管理体制的差异进一步加大，迫切需要对区域经济合作协调机制进行改革，即由垂直型多层级模式转为扁平化横向协调模式，强化市场机制在区域经济合作中的调节作用。[1] 恰逢百年未有之大变局，进一步深化区域经济合作已成为上合组织各国的共同诉求。在此背景下，上合示范区作为第一个上合组织地方经贸合作试验田，应探索采用市场化运行模式，拓展上合组织经贸合作模式和路径，将区域经济合作做得更为务实更为高效。比如在机制创新方面，围绕物流、贸易、投资便利，深化海关、税务等部门联合创新，推出更多制度创新举措。针对项目合作，应更多地转向市场调节，以企业为主体，大大提高经济合作机制运行效率，从而将区域经济合作质量提升到一个新高度。

第二，深化中国同上合组织国家互联互通的平台。上合组织现已步入新的发展阶段，推动基础设施互联互通建设成为未来组织发展的重要目标。2019 年通过的新版《上海合作组织成员国多边经贸合作纲要》，把加强成员国的互联互通作为未来 15 年区域经济合作优先发展事项之一。区域供应链面临大范围重构和调整，加强互联互通建设将是新形势

---

[1] 刘华芹、于佳卉：《上海合作组织区域经济合作：20 年回顾与展望》，《欧亚经济》2021 年第 1 期。

下上合组织区域经济合作面临的重要任务。2022年5月上合组织成员国交通部长第九次会议批准了《上合组织成员国发展互联互通和建立高效交通走廊构想》，2022年9月上合组织撒马尔罕峰会对未来上合组织互联互通建设指明了方向，包括新建和改造现有国际公路和铁路交通线路，打造多式联运交通走廊，建立国际物流、贸易和旅游中心，引入数字、创新和节能技术，按照国际先进经验优化通关手续，实施旨在有效利用上合组织成员国过境运输潜力的其他基础设施合作项目。① 上合示范区作为上合组织国家面向亚太市场的"出海口"，应以新的路径、方式着力推动东西双向互济、陆海内外联动，带动上合组织互联互通建设进入更广阔空间，为盘活地区经济合作做出贡献。

第三，"一带一路"国际合作新平台。上合示范区面向的是整个"一带一路"区域，而不仅仅是上合组织国家。只有这样的战略定位，上合示范区在今后的发展中才不会局限于单边经贸关系，才能惠及所有上合组织国家和"一带一路"沿线国家，在商贸、旅游、文化、科技、培训等领域携手打造利益共同体。一是深化国内与"一带一路"沿线国家的合作。通过建设上合示范区，发挥好青岛东西双向互济、陆海内外联动的"通道"作用。向西，带动黄河流域深化与"一带一路"倡议沿线国家的合作；向东，促进面向东北亚、日韩的开放，推动上合示范区成为"一带一路"倡议沿线国家技术、人才、产品的展示交易平台，成为与中国各地对接合作的平台。二是密切上合组织国家与"一带一路"倡议合作。上合组织成员国、观察员国和对话伙伴国基本上都是"一带一路"倡议沿线国家，也是"一带一路"倡议的支持者和参与者。上合组织地区还覆盖了"一带一路"倡议的四条重要经济走廊，即中蒙俄经济走廊、新亚欧大陆桥经济走廊、中国-中亚-西亚经济走廊、中巴经济走廊。上合示范区促进上合组织国家与"一带一路"倡议沿线国家互动潜力很大。通过开展上合示范区物流、现代贸易、双向

---

① 《上海合作组织成员国元首理事会撒马尔罕宣言》，上海合作组织秘书处，http://chn.sectsco.org/documents/。

投资合作及商旅文交流等领域合作，让这些国家各地方之间开展双边及多边经贸合作，更好地推动上合组织与"一带一路"倡议协同发展。

（二）上合示范区的发展目标

上合示范区建设的总体目标蕴含在《总体方案》中，即充分发挥上合示范区在青岛口岸海陆空铁综合交通网络中心的区位优势，统筹海港、陆港、空港、铁路联运功能，更好发挥青岛市在"一带一路"新亚欧大陆桥经济走廊建设和海上合作中的作用，按照"物流先导、贸易拓展、产能合作、跨境发展、双园互动"模式运作，着力推进绿色化建设。

《总体方案》指出，近期目标就是立足与上合组织国家相关城市间交流合作，通过建设区域物流中心、现代贸易中心、双向投资合作中心和商旅文交流发展中心，打造上合组织国家面向亚太市场的"出海口"，形成与上合组织国家相关城市交流合作集聚的示范区，特别是探索以企业为主体的市场化运作以及为上合组织地方经贸合作服务。中远期目标就是将上合示范区建成与上合组织国家相关地方间双向投资贸易制度创新的试验区、企业创业兴业的聚集区、"一带一路"地方经贸合作的先行区，建设成国际多双边框架下地方经贸合作样板。

2021年4月，山东省政府出台《山东省国民经济和社会发展第十四个五年规划和2035年远景目标纲要》，对上合示范区在"十四五"期间的发展目标也作了明确规定，即高质量建设上合示范区。深化与上合组织国家能源资源、基础设施、产能和装备制造、旱作农业等方面合作，打造区域物流中心、现代贸易中心、双向投资合作中心、商旅文交流发展中心，构筑"一带一路"国际合作新平台，建设上合组织国家面向亚太市场的"出海口"。建设中国北方国际油气交易中心，推动油气全产业链开放发展，打造上合示范区多式联运中心，建设上合组织经贸学院，建立上合组织国家旅游城市联盟。编制发布中国对上合组织国家贸易指数，高水平举办上合组织国家投资贸易博览会。

总之，上合示范区要在"一带一路"新亚欧大陆桥经济走廊建设和海上合作方面更好地发挥战略作用，加快形成与上合组织国家交流合作集聚示范区、双向投资贸易制度创新试验区、"一带一路"地方经贸合作先行区。同时，也应看到，示范作用形成非一日之功，从概念到落地、从理论到实践，需要不断探索、深化、完善，需要定力、耐力、合力。对此，要立足当下，务实推进上合示范区建设是最主要工作任务。

二、上合示范区建设的主要任务

在乌克兰危机外溢效应下，上合组织各国都认为经济发展是第一要务，对经济合作的需求直线上升，上合示范区建设迎来了机遇。根据《上海合作组织成员国多边经贸合作纲要》及其落实行动计划、《上海合作组织成员国地方合作发展纲要》、《总体方案》以及山东省"十四五"规划，未来一段时期，上合示范区建设应进一步拓展和加快"四个中心"建设，让上合示范区赋有更多"上合元素"，在上合组织区域经济合作中发挥更大影响力和辐射带动作用。

（一）提升互联互通水平

上合示范区自建立以来，根据《总体方案》规划，在加强互联互通，建设区域物流中心，打造多式联运中心，发展现代物流产业方面取得了实实在在的成果。成立以来，上合示范区陆续开通至塔吉克斯坦的杜尚别、吉尔吉斯斯坦的比什凯克等 19 条国际班列线路，胶州海关正式运营，初步打通了东西双向互济、陆海内外联动的通道。[1] 2022 年 1—6 月开行班列 430 列，同比增加 44.8%，完成去年全年开行量的

---

[1]《多式联运再添新线路！上合示范区首班南通道"跨两海"中欧班列开行》，中华网，2022 年 12 月 18 日，https://sd.china.com/dsyw/20000932/20221218/25699013.html。

69%，其中回程 213 列，创历史新高。班列路线持续丰富，已常态化开行 29 条国际、国内班列，可通达上合组织国家和"一带一路"沿线 23 个国家的 53 个城市。班列运行质量持续提升，中国青岛—德国曼海姆双向对开首班班列开行，上合示范区首班大豆进口专列回程，成立亚欧班列运输客户服务中心，上合示范区多式联运中心首个分中心鲁中分中心揭牌。

在既有成果上，未来一段时期，上合示范区应继续坚持"抓外促内、东联西出、量质并举、国际运作"的发展方向，在畅通互联互通大通道上积极作为。一是畅通多式联运大通道。建设上合示范区多式联运中心，提升集疏、集运、集结能力，大幅提升海铁联运周转量。建设多式联运综合服务平台，整合上合示范区周边陆海空铁口岸资源。二是集聚发展现代物流产业。发展国际中转、国际配送、国际采购、国际物流业务。建设国际冷链食品交易分拨中心，完善冷链物流体系，打造辐射全国的冷链物流集散中心。[①] 规划建设上合物流园、中铁物流园等国际物流园区，发展物流、仓储、加工等产业。同时要建设运营好综合保税区。三是建立国际物流合作机制。深化与上合组织国家物流公司，如俄罗斯铁路公司、哈萨克斯坦国家铁路公司等国际企业的业务合作，拓宽国际物流网络布局，在上海合作组织国家主要城市建设国际物流节点。落实《上海合作组织成员国政府间国际道路运输便利化协定》，打通、优化跨境货物通关操作流程和服务。

（二）加快建设现代贸易中心

《总体方案》明确要求上合示范区发展贸易新业态、跨境电商、服务贸易、投资贸易便利化等，因此，发挥上合示范区建设要坚持"经贸

---

① 《山东省国民经济和社会发展第十四个五年规划和 2035 年远景目标纲要》，山东省人民政府网站，2021 年 4 月 25 日，http：//www.shandong.gov.cn/module/download/downfile.jsp? classid = 0&filename = 31fadfc0307e433f9aef8326cea96398.pdf。

为主"，率先在贸易自由化上示范先行，彰显上合组织国家贸易集聚地的示范效应。

第一，大力推动贸易便利化水平。当前上合组织国家在贸易自由化方面仍存在壁垒，极大阻碍了区域经济的深入发展。上合示范区可与上合组织国家相关城市开展海关通关、检验检疫、物流运输、标准认证、支付结算等信息交换共享，探讨便利化措施，推动口岸通关模式改革创新。

第二，拓展大宗商品贸易合作。目前，上合示范区引导园区内企业，如环汇通、伊禾农品、山东万晟源国际贸易有限公司，开展与上合组织国家矿石、粮食等大宗商品贸易，同时引导企业开拓多元化市场、落实扶持政策、强化服务效能，贸易规模稳步提升。2022年，上合示范区对外贸易额达360亿元，同比增长38.3%。下一步，根据《总体方案》以及实践经验，继续加快推进上合组织国家优质农产品和食品准入进程，扩大优质农产品进口及向其他国家转口，建设汽车整车及零部件、能源及原材料大宗商品平台等。

第三，加快跨境电商发展。电子商务对于发展经济、增加就业、增进民生福祉具有重要意义。2022年1—6月，上合示范区实现跨境电商贸易额9.8亿元。2022年5月7日，上合示范区发布的《实施办法》指出，鼓励企业建设跨境电子商务配套平台，集聚跨境电商企业，发展跨境电商业务，培育网上"上合地方特色商品展（馆）"，支持青岛优势企业建设货物集散基地和"海外仓"等。未来，结合《总体方案》和《实施办法》，应持续推进传化（上合）跨境电商综合服务平台、金控跨境电商综合服务平台、上合跨境贸易服务中心和上合跨境电商产业园4个跨境电商平台运营质量，继续拓展"海外仓"建设。

第四，探索发展新型贸易业态，提升展会国际影响力。上合示范区目前已搭建了上合经贸综服平台。未来，要依托这一平台，汇集上合组织国家国情和重点城市经济、人文、产业、社会、科研、旅游等信息，向企业提供精准、专业的政策信息，国别产业需求和市场项目，中国对上合组织国家贸易指数，国别投资指南，国别市场风险预警，专业服务和在线办事等全流程服务。同时，支持企业扩大与上合组织国家相关城市在软件信息、检验检测、研发设计、数据处理等服务贸易领域的合作。

（三）着力建设双向投资合作中心

提升双向投资承载力、畅通合作渠道，是上合示范区需要重点突破的领域。上合示范区要打造双向投资合作中心，关键就要在投资贸易、人员往来、监管服务等方面体现更高的自由度和更好的政策优势，加快形成一个自由、公平、便捷的投资环境。截至2021年11月，上合示范区累计签约落地境内外重点合作项目20个，总投资额1715亿元，但"上合元素"类项目占比偏小。

今后应在以下三个方面发力：一是增加"上合色彩"投资项目。高水平举办上合组织国家投资贸易博览会。引进上合组织国家直接投资或技术转移、成果孵化的项目；引进以上合组织国家为主要市场的项目；引进上合组织国家中资企业"返程"投资的项目，实现双向投资的有效联动。

二是考虑到乌克兰危机对上合组织经济合作的冲击，应考虑创新金融合作方式。如设立上合地方合作银行。[①] 围绕人民币"走出去"，打造人民币跨境结算中心，提高人民币国际化水平。

三是《总体方案》中提出要"大力推动建设能源及原材料大宗商品平台"，青岛具有较好的油气产业基础、油气基础设施、油气贸易基础，因此，依托上合组织国家和"一带一路"倡议沿线国家在石油、天然气等能源方面优势，应在上合示范区布局面向上合组织国家和"一带一路"倡议沿线国家的国际能源油气中心，加强上合组织地方能源合作，打造全球重要的能源现货交易中心，推动油气全产业链开放发展。

---

① 山东省"十四五"规划明确将设立上合地方合作银行作为示范区重点任务。

探索建设境外石油天然气储备基地。

（四）加强商旅文融合

近年来，上合示范区在促进上合组织国家文化旅游交往、教育法律培训方面开展了大量探索性工作，如建立上合组织经贸学院，举办"上合之夏"等各类文化、体育交流活动等，极大提升了上合示范区的知名度和与上合组织国家的融合度。但也存在线上文化交流活动规模较小、效果欠佳等问题，缺少有影响力的品牌文化交流活动，在促进上合组织国家旅游交往便利化方面有待突破。因此，未来，应既要在已取得有益经验的基础上继续开拓创新，又要克服障碍，妥善解决问题。

第一，加强上合组织经贸学院建设。自 2021 年筹建以来，上合组织经贸学院开展对上合组织国家官员、企业家的经贸培训，吸引了来自 43 个上合组织国家和"一带一路"倡议沿线国家 3000 余名青年人才和创业者积极参与。未来，应继续聚焦为上合组织国家"育才"，为多边经贸合作"搭台"，围绕上合组织国家相关城市的官员、企业家、创业者和青年人才关注的重点，开展跨境电商、金融经贸、专业技能等领域培训，逐步探索"需求＋培养＋实践"的国际教育合作模式。

第二，要持续举办与上合组织国家地方双边人文交流活动，打造上合示范区知名文化品牌，如上合组织国家艺术节、面向上合组织国家的文化体育交流活动等。

第三，借 2023 年是上合组织旅游年的契机，大力发展旅游合作。比如建立上合组织国家旅游城市联盟；举办旅游论坛、为旅游业企业与相关行业的合作创造条件，吸引投资发展和改善上合组织国家的区域旅游基础设施，以提高区域旅游吸引力；促进旅游领域职业教育机构之间的合作，共同培养合格人才等。

第四，推动便利签证措施，简化入境和通关手续。在上合示范区探索上合组织国家自然人移动的"绿色通道"，为上合示范区建设发展需要的外籍人员入出境、办理签证、申请居留提供更多便利，同时也为实现上合组织成员国、观察员国和对话伙伴国之间就业、旅游、教育和执业等领域的便利通行。

第五，推进国际司法交流合作。建设中国上合组织法律服务委员会上合示范区法律服务交流合作基地。建立涉外法律服务专家智库，探索法律服务保障经贸合作新模式。

（五）坚持地方合作为主

地方合作是上合示范区的主题词，《总体方案》中"地区""地方""城市"等词出现了48次，凸显了"地方"在上合示范区建设中的重要作用。《总体方案》涉及地方合作的方式还包括发展新伙伴城市，实现在上合组织成员国均有伙伴城市，举行经济合作伙伴城市工商界经贸合作发展论坛等。上合组织国家除中国外共有城市3700余个、省州500余个。其中，中国与上合组织国家建立了近400对友好省州和友好城市关系。[①] 2021年青岛市、上合示范区推出了32场"友城合作、共创未来"系列交流活动，对外合作的通道已经打开，各方面合作潜力巨大，合作的广度、深度、力度、契合度还有待进一步拓展提升，下一步要加强国别精准对接，实施"一国一策""一城一策"，要逐个城市做深做透，全面、深度、务实推进合作落地。

同时，积极落实《上海合作组织成员国地方合作发展纲要》。上合示范区可为各国地方政府、企业搭建合作平台，促进各国地方、企业之间开展对接，密切经济联系。

总之，上合示范区不同于自贸试验区，无前例可遵循，建设发展工作具有探索性、首创性。《总体方案》明确了上合示范区建设的目标任务是推进示范区建设发展和促进上合组织地方经贸合作。未来一段时期，在明确上合示范区的示范方向和任务的背景下，在已取得有益探索

---

① 孟庆胜：《对优化中国－上海合作组织地方经贸合作示范区建设的思考》，《欧亚经济》2022年第3期。

经验的基础上，要理顺体制机制，增强工作的系统性、整体性和协同性，务求实效，不断推进模式创新、政策创新和思路创新，为上合组织地方经贸合作创出实实在在的示范成效，进一步挖掘和拓宽上合组织区域经济合作深度和广度。

第二节 上合示范区未来建设发展的路径与举措

Part 2 The Path and Measures for the Future Construction and Development of SCODA

【内容提要】建设上合示范区的根本目的是为推进上合组织国家地方经贸合作探索新路，需抓住地方和经贸两个关键词。立足山东的资源禀赋，聚焦经贸这一主责主业，将上合经贸综服平台、青岛·上合之珠国际博览中心等几大对外合作与服务平台做深做实；加强金融领域的创新，做响电子商务平台；发挥示范区陆海空联运优势，完善多式联运物流中心功能和辐射力；推动双向投资，引领科技交流，做实产业合作，夯实地方经贸合作基础，提升示范区的吸引力和影响力；做强上合组织经贸学院，加快建设上合经贸发展研究院，助力民心相通。

Abstract: The fundamental purpose of building the China – SCO Local Economic and Trade Cooperation Demonstration Area (SCODA) is to explore new ways to promote local economic and trade cooperation among SCO states, and it is necessary to grasp the two key words: locality and trade. Based on the resource endowments of Shandong province, the SCODA should take the main business of economy and trade as the top priority, further cultivate major foreign cooperation and service platforms such as the China – SCO Local Economic and Trade Comprehensive Service Platform and Qingdao · SCO Pearl International Expo Center; the SCODA should promote financial innovations and foster the development of e-commerce, as well as give full play to the advantages of land, sea and air linking features, improving the function and radiation ability of the multi-modal logistics center; Finally, the SCO-DA should promote two-way investment, lead scientific and technological exchanges and enhance industrial cooperation, so as to consolidate the foundation of local economic and trade cooperation, and improve its attractiveness and influence; enhance the strength the China-SCO Institute of Economics and Trade, accelerate the construction of the Institute of SCO Economic and Trade Development, and help increase the people-to-people bonds.

【关键词】青岛；示范区；定位；建设路径；举措

Keywords: Qingdao, SCODA, positioning, construction path, measures

【作者简介】李自国，中国国际问题研究院欧亚研究所所长、研究员。

Author: Li Ziguo, Director and Senior Research Fellow at the Department for European-Central Asian Studies, China Institute of International Studies.

上合示范区是中方推进上合组织地方经贸合作的重要举措。上合示范区要做大做强，必须坚定不移秉持"上海精神"，加强政策沟通协调、消除障碍、搭建平台；明确上合示范区的功能定位，聚焦经贸合作主责主业；不断畅通物流渠道，创新金融合作内容；立足地方优势产业和资源禀赋，推进产能合作，扩大合作伙伴，完善合作抓手，丰富"上合元素"。

一、上合示范区的功能定位

建设上合示范区是习近平总书记着眼国内国际两个大局，深入研究、统筹考虑、科学谋划作出的重大决策。上合示范区本身是一种尝试，是一种创新，需要不断探索，开拓思路，为推进上合组织国家地方经贸合作探索出一条新路。目前，上合示范区尚不是上合组织所有成员国协商一致的合作项目，是中国单方面提出的，需要秉持互信、互利、平等、协商、尊重多样文明、谋求共同发展的"上海精神"，争取有意向的合作伙伴，并广而告之，加强制度对接、市场对接、规划对接、平台对接、项目对接，使其能够获得更多国家、企业，特别是龙头企业的认同和参与。

上合示范区的功能定位有六个。一是在政府主导、大项目带动模式潜力下降的背景下，要探索以企业为主体的市场化运作新模式。引导合作从产能、交通基础设施、化石能源等传统领域转向新行业，如智慧农业、新能源和高新技术等。从局限于成员国转向面向所有上合组织国家，破除个别国家对经贸合作的阻滞。二是切实服务上合组织地方经贸合作，解决地方经贸合作中的痛点和难点。为优质产品引进来、走出去提供平台。切实服务上合组织国家产能合作，助力中国优质产能走出去。在全球经济不景气情况下，这是各国都非常期待的，利益契合度高。三是扎扎实实做增量，探索经贸合作新路径、新业态，在贸易便利化和自由化方面做出新的尝试。拓展合作模式，开辟金融结算新路径。根据世界经济科技发展大势和各方现实需求，挖掘新的增长点。四是紧扣"地方"这一关键词，立足于服务地方经济发展，立足于青岛和山东地方经济发展的区位优势和产业优势，设计重点项目。为山东省的优势产业"走出去"提供服务，提升东部沿海地区企业对上合组织国家的经贸合作水平。五是锦上添花。中国与上合组织国家合作的机制很多，交通物流、一般经贸等方面在"一带一路"倡议框架下都有安排，并且已经取得明显成效。上合示范区要在此基础上扩大合作，锦上添花。六是在合作中影响伙伴的观念，使之与世界贸易组织的规则接轨。通过与各国地方政府的交流合作，通过企业的利益对接，逐渐改变部分上合组织国家的传统观念，即"我们有这些商品，你们来买吧"，变成"市场需要什么样的商品，让我们共同生产"，提高对方的产能和标准化水平，为中国企业投资创造更好机会，提升相互准入水平。

上合示范区是国家级的任务，是山东省和山东省青岛的新机遇，但要做好示范区不是山东一省的事情，更不是青岛一市能办到的，需综合调动各方面的资源。上合示范区能否做大做强并起到示范作用的关键在于入区企业的质量，为提升上合示范区的吸引力，体现中方对示范区建设的重视，需基于示范区遇到的实际困难，出台专门针对示范区的相关税收、保险、融资等优惠政策和便利措施。对上合示范区来说，人手不足，资源有限是常态现象，需避免平均发力。突出重点，将已初见成效的几大平台做深做实，以可视的成果服务地方经贸合作，在合作中提升影响力和吸引力。

在挖掘合作空间的过程中，上合示范区应善于从既有的合作文件中汲取灵感。上合组织经贸合作已开展多年，虽有不足，但就诸多务实合作领域达成了共识。如，2019年6月，在比什凯克签署了《上海合作组织成员国地方合作发展纲要》；2019年11月，在上海合作组织成员国政府首脑（总理）理事会上批准了新版的《上海合作组织成员国多边经贸合作纲要》及落实行动计划；2021年通过了《建立上合组织成员国科技园区库和创新集群的构想》；2022年签署了《促进上合组织成员国促进实业界工业合作纲要》。另外，上合组织青年创业国际孵化器项目已推行多年，积累了一定的经验。这些文件和规划既涉及合作方向、机制，也涉及具体合作项目，都可为上合示范区所用。

二、聚焦经贸合作，加快建设现代贸易中心

打造现代贸易投资服务平台是上合示范区的重要工作，也是《总体方案》的根本要求。上合示范区的关键词是地方和经贸，主责主业是经贸。

（一）完善上合经贸综服平台，使之成为看得见、摸得着、用得上的趁手工具

上合示范区作为服务平台，其价值高低取决于用户的多寡。上合经贸综服平台是上合示范区重点打造的服务项目，是示范区聚集人气的重要抓手。但综合服务平台仍有很多地方需要完善。首先，需要尽快拓展网站的核心功能，除政策发布、国别分析、行业分析、成果展示外，要争取让更多企业在网站上发布商情，为各方提供采购、投资信息，为用户寻找合作伙伴提供切实有用的信息。要完善综合服务平台，可借鉴企业自建的网站，包括与其开展合作。企业自建的网站专业性强，建设时间长，投入了巨大的精力，更了解企业的现实需求，可以弥补示范区网站的信息不足问题，而且更接地气，更贴近企业要求。其次，需尽快增加外文版。目前平台只有中文版，服务范围有限。只有推出外文版，才能赋予综合服务平台"上合元素"，使所有上合组织国家企业共享。外文版还应考虑使用者的习惯。最后，网站建设中，还可以向环保部上合组织环境保护信息共享平台"取经"，了解其建设过程中的经验、教训和绩效评估情况。环境保护信息共享平台网站已建成数年，受到中外领导人的肯定。

当前，上合示范区最大的问题是知名度不够高，国内外企业对示范区缺乏了解，尚无外方企业入驻。要通过推广上合经贸综服平台，使之尽快成为各方都能看得见、摸得着、用得上趁手工具。

（二）坚持双向互动，多渠道打造信息高地

上合示范区要精准提供有效服务，必须掌握足够多的信息资源，建设相关供需关系的数据库，才能"找准合作目标、畅通合作渠道、做实合作成果、惠及合作各方"[①]。数据库建设是长期而细致的工作，不是一蹴而就的，就现阶段看，首先要选择重点国家和地方政府，与之开展面对面交流沟通。现在上合组织成员国、观察员和对话伙伴国已经有26个，全面铺开并不现实，在人手不足、资源有限的情况下，要有选择有重点地进行对接合作，挑选合作意愿最强烈的10—20个地方政府，作为合作重点。这里可利用中国与上合组织国家建立的近400对友好省州和友好城市关系，筛选合作伙伴。首批次可以考虑与乌兹别克斯坦的撒马尔罕市、吉扎克州；俄罗斯的喀山市、车里雅宾斯克市（首届上合组织地方领导人论坛就是车里雅宾斯克州倡议举办的）；哈萨克斯坦的阿拉木图州、奇姆肯特市；吉尔吉斯斯坦的比什凯克市、奥什市；塔吉克斯坦的杜尚别市；巴基斯坦的卡拉奇市、瓜德尔港；白俄罗斯的明斯克市、布列斯特市；柬埔寨的金边；缅甸的仰光。第二批次应考虑伊朗、蒙古、印度、沙特、阿联酋、埃及等国。与地方政府合作的重点是政策沟通，交流合作诉求，初定合作重点领域和突破口。

多渠道扩大朋友圈，形成数据库。上合示范区的最终目标是服务市场化的项目，服务对象是企业。但由于企业数量庞大，征信不一，很难在短时间内进行甄别。所以需要与各国的地方政府、商会、行业协会开展合作，形成上合组织国家龙头企业名单（中方、外方），列出重点进行跟进，在合作中积累人脉，并对企业征信进行梳理，挖掘出最佳合作伙伴。这里要用好各国的行业协会和企业家协会。欧亚地区的上合组织国家都有半官方性质的行业协会，如俄罗斯工业家与企业家联合会、哈

[①] 孟庆胜：《对优化中国-上海合作组织地方经贸合作示范区建设的思考》，《欧亚经济》2022年第3期。

萨克斯坦"阿塔梅肯"全国企业家协会、哈萨克斯坦共和国工商会、乌兹别克斯坦企业家联合会、乌兹别克斯坦工商会等,请对方推荐和邀请其国内的相关企业参与合作项目。

(三)做深做实青岛·上合之珠国际博览中心,打造"永不落幕"的博览会

上合示范区要提升与各国的经贸合作水平,必须立足自身资源。对上合示范区来说,最重要的资源之一是精心打造的青岛·上合之珠国际博览中心,使之成为集会议、展示、商贸、旅游、文化等为一体的合作平台。目前该项目刚刚启动,下一步需要做的是不断提升其吸引力影响力,争取相关税收等优惠政策,将其做深做实。其中,要着重挖掘博览中心向每个上合组织国家免费提供的 600 平方米的商品、文化展示区,根据各国历史宗教文化特点,设计好展示区的文化艺术风格,与各国政府合作,引入更多精品,丰富展品内容。从中期定位看,应考虑以"青岛·上合之珠国际博览中心+免费商展平台+上合组织国家免税店"为切入点,依托"常设场馆"和青岛的旅游辐射优势,通过不定期举行专业展销会、国别商品推介会,形成"永不落幕"的博览会,使之成为上合示范区的特色品牌。

作为面向上合组织国家的示范区,要不断丰富"上合元素",如可以承办上合组织地方领导人论坛、上合组织经济论坛等活动,以扩大上合示范区的知名度和影响力。目前,上合组织地方领导人论坛每年轮值举办,中方有五地参加,上合示范区应申请成为该论坛的中方主席单位,承担论坛的活动。一方面可向各国宣传示范区,另一方面可结识各国的州长和地方官员,为上合示范区带来更多合作机会。在适当时机,可以申请举办上合组织经济论坛,2022 年乌兹别克斯坦作为轮值主席国,举办了第二届上合组织经济论坛。

（四）加强金融领域的创新，为经贸合作提供动力

当前，国际金融形势动荡不休，上合组织国家汇率不够稳定。上合组织开发银行迟迟无法落地，地缘危机和制裁又加剧了结算困难。习近平主席在撒马尔罕峰会上强调，要落实好成员国扩大本币结算份额路线图，加强本币跨境支付结算体系建设。[1] 上合示范区作为先行先试者，需要为上合组织最为薄弱的金融领域合作做出新的探索。

在西方对俄制裁之初，中俄贸易受到结算影响，不少企业处于观望状态。但经过一段时期摸索，现对俄贸易企业已找到结算路径，对俄贸易逐步回归正常。但考虑到俄罗斯、白俄罗斯、伊朗等部分上合组织国家将长期受到美西方制裁，且有扩大制裁可能，与这些国家开展稳定的金融合作非常迫切，且业务量较大。与此同时，中国也需要推动人民币"走出去"，在周边国家试点，为人民币国际化蹚路。目前，俄罗斯正加速"去美元化"，本币在中俄贸易中的占比不断上升。2022年12月，俄罗斯主管能源的副总理诺瓦克表示，中俄能源将更多地采用本币结算，这为上合示范区探索本币结算带来无限空间。

此外，由于国家经济下行压力大，地缘冲突不断，汇率波动幅度大，当前是贸易投资风险上升期，上合示范区需要在降低经贸投资风险上进行探索，如与相关金融机构和研究单位合作，共同发布"上合组织国家投资风险报告"，开发面向上合组织国家的进口信用保险产品，帮助企业预警和规避贸易和投资风险。

（五）聚焦山东优势行业，助力地方发展

上合示范区落户山东省青岛市，要做大做强、做深做实，离不开山

---

[1] 习近平：《把握时代潮流　加强团结合作　共创美好未来—在上海合作组织成员国元理事会第二十二次会议上的讲话》，外交部网站，2022年9月16日，https://www.fmprc.gov.cn/zyxw/202209/t20220916_10767102.shtml。

东的本土资源。

上合组织有世界主要产油国和消费国，特别是中东国家加入后，上合组织已有能力影响世界能源版图。2022年，上合组织通过了《上海合作组织成员国元首理事会关于维护国际能源安全的声明》，提出要在上合组织框架内围绕共同保障能源安全开展合作，为上合组织能源合作规划了方向。西方对俄罗斯的制裁中瞄准了俄的能源，俄罗斯亟需深度开发中国、印度等国的市场，目前，中国、印度已经跃升为俄罗斯的第一大和第二大原油出口目的地国，这为上合示范区筹建面向上合组织国家的能源交易中心提供了天时地利的条件。从需求侧看，山东有大量的地炼企业，对能源的需求量巨大，具备成立油、煤能源交易中心的条件，且有很大的成长空间。油气等大宗商品交易量大，能够全面带动上合示范区与上合组织国家的经贸合作水平。为更好更快筹建能源交易中心，上合示范区应视情主动承办上合组织能源部长会议，申请定期在上合示范区举办上合组织能源俱乐部论坛。能源俱乐部倡议已提出多年，但一直未落地，上合示范区可将之落地，为能源交易中心扩大合作伙伴创造条件。2022年哈萨克斯坦提出制定上合组织能源战略倡议，在成立能源俱乐部等问题上，上合示范区较为理想的伙伴是哈萨克斯坦。

随着新能源的快速发展和全球"去碳化"进程，上合组织国家对发展新能源越来越重视，《上海合作组织成员国元首理事会关于维护国际能源安全的声明》强调要大力推动风能、太阳能、水能、核能、生物质能、氢能、储能等协同发展，构建适应新能源占比逐渐提高的新型电力系统。[①] 在此背景下，上合示范区还可以考虑组办上合组织新能源合作论坛，并在新能源交易中成为领先者。

山东省是制造业大省，同时也是农产品出口和进口大省。进口方面，应考虑在市场机制下加快推进"上合国家特种农产品交易中心""水产品交易中心"建设。多数上合组织国家对中国有贸易逆差，鉴于

[①] 《上海合作组织成员国元首理事会关于维护国际能源安全的声明》，外交部网站，2022年9月17日，https://www.fmprc.gov.cn/zyxw/202209/t20220917_10767320.shtml。

各国对华工业制成品出口能力弱的情况一时难以改善，各国针对扩大对华农产品出口的诉求强烈。由于中国重视"饭碗端在自己手中"，主粮限制进口，因此应聚焦无配额限制、附加值高的特种农产品。首先是争取政策支持，协助企业筹建上合组织国家香辛料交易平台，上合组织国家对香辛料的生产和需求都比较旺盛，且没有国家进口的配额限制，属市场化水平高、附加值高的商品种类。中亚、印度、伊朗、阿富汗等有相应资源。其次是建设水产品交易中心。山东及周边都是人口大省，是水产品的重要消费区。而上合组织国家是中国水产品进口主要来源地，2019年中国自俄罗斯进口冻鱼112万吨，占中国进口总量的46%。青岛港是中国水产品进口的主要港口，有资源禀赋优势。

出口方面，应支持企业设立面向上合组织国家的"果蔬出口交易平台""汽配交易中心"。山东省的资源禀赋是各种水果蔬菜生产能力强，是向俄罗斯等欧亚国家出口果蔬的大省。上合示范区可依托这一资源优势，举办面向上合组织国家的果蔬交易会，逐渐形成规模聚集效应。2021年和2022年，上合组织元首峰会分别发表《上海合作组织成员国元首理事会关于粮食安全的声明》《上海合作组织成员国元首理事会关于维护国际粮食安全的声明》，强调粮食安全攸关人类生存之本，攸关世界经济健康运行，是各国实现经济发展、社会稳定、国家安全的重要基础，提出要加强在农产品贸易、植物检疫、智慧农业、技术推广、人员培训等领域的合作。这些方面既是山东的优势，更应是上合示范区开展对外合作的优先方向之一。2022年，西方汽车及配套企业纷纷撤离俄罗斯市场，欧亚经济联盟国家的汽车及零配件出现短缺，而山东在汽配、机电、轮胎等产业优势明显，可在上合示范区打造与汽车相关的专业交易会，积极向各国推介山东优势企业和优质产品。

（六）做响跨境电商平台

电子商务作为跨境贸易的新业态得到上合组织国家的高度重视，在疫情形势下电商的重要性更加明显，撒马尔罕宣言强调，电子商务对于发展经济、增加就业、增进民生福祉具有重要意义①。当前，中国与上合组织国家电商贸易的短板有三：一是各国商品知名度低，品牌附加值不高，质量好也难卖上高价。二是产量有限，质量参差不齐，大规模贸易的后劲不足。三是入驻上合示范区的电商规模小、层次低，与上合组织国家的关联度低。上合示范区有物流、海关监管区和跨境电商海关监管中心、税收优惠等优势，可整合园区电商资源，积极吸引外方客户进驻示范区的电商平台，丰富进口商品种类，降低商品价格，打造一个叫得响的品牌。2022 年初，上合组织国家特色商品电商直播活动受到各方的重视，上合示范区可继续发力，在重要节点组织上合组织国家的大使或知名人士进行带货直播，提高知名度。

（七）制度创新，以地方促中央

上合示范区的关键词是地方经贸合作，但很多情况下，地方合作由于授权有限，会遇到各种各样的具体问题，单靠地方政府是无法解决的。如，海关"经认证的经营者"国际互认问题，这是需要各国中央政府层级达成的协议，地方机构在各国海关互认后加以执行。上合示范区可以做两件事，一是率先执行双方政府达成的协议，并在执行过程中磨合和修正，使之更贴近企业需求；二是将在地方合作中遇到的问题上呈各国的中央政府，促使政府间进行对话沟通，进而签署相关政府间协议，以解决地方合作中遇到的问题。上合示范区若能在双多边合作的规则、制度、管理、标准等方面提出可行性建议，将为深化上合组织经贸合作做出巨大贡献。

---

① 《上海合作组织元首理事会撒马尔罕宣言》，上合组织秘书处网站，http：//chn. sectsco. org/documents/。

三、挖潜多式联运功能

交通物流合作是上合组织多边合作中成果最丰富的领域。早在 2013 年就通过了《上海合作组织成员国政府首脑（总理）关于进一步开展交通领域合作的联合声明》，2014 年，签署了《上海合作组织成员国政府间国际道路运输便利化协定》，强调要深化发展交通合作，不断完善交通基础设施，建设多式联运物流中心，加快数字技术和智能系统应用，推动上合组织空间内的经济可持续增长。上合示范区有明显海陆空联运优势，同时也有离市场较远的区位劣势，需要开拓创新，扬长避短，挖掘新线路。

（一）争取倾斜政策，体现中方对上合示范区建设的重视

没有便利的物流条件，就难有顺畅的经贸合作。上合示范区落户青岛，其优势条件之一就是青岛的物流集散能力。由于中亚等地区的上合组织成员国和观察员国位于欧亚大陆腹地，因此中欧班列等铁路公路运输是与之开展密切经贸合作的重要途径。但目前，上合示范区虽在中欧班列发行上取得不错成果，但尚未被列入国家级中欧班列集结中心示范工程。上合示范区应体现中国对发展上合组织地方经贸合作的重视，推动上合示范区成为中欧班列集结中心，确保上合示范区国际班列的发运需求。

（二）重视信息集成，让数据财富最大化

2022 年 11 月，李克强总理在上合组织成员国政府首脑（总理）理事会第二十一次会议上提出，要一体推进交通、通信等硬件基础设施和

信息数据"软联通"建设，加快区域经济一体化进程。"软联通"能够以最小成本提升物流效率，就上合示范区内部而言，应加快推动青岛胶东国际机场、青岛港、中铁联集青岛中心站等信息、资源互换共享。就境内外信息畅通而言，上合示范区应协助企业在境内外建立国际物流信息数据平台。目前，由于出境和回程货物数量和种类存在结构性差异，上合示范区如能在信息数据共享方面起到集成作用，将极大提升上合示范区的物流地位。

（三）挖潜海铁联运的区位优势

上合示范区多式联运中心最大优势是靠近青岛港和青岛机场，需在陆海联运方面下功夫。通过对企业的调查表明，海铁联运不畅的症结是俄罗斯东方港疏散能力低，导致时间和物流成本上升，特别是无协议、无关系的货船往往需要等待很长时间才能装卸货。目前，印度与俄罗斯东方港有海上班轮，中途停靠中国港口。上海、宁波、青岛至东方港有货轮，以小型集装箱货船为主。对上合示范区来说，要将海运的优势充分发挥出来，需要支持企业向北形成"对俄海上专线"，即青岛—天津—俄罗斯东方港，向南利用青岛港的货运集结优势，开拓上合示范区与印度、巴基斯坦、伊朗、土耳其等国家的运输业务。应推动在中俄总理定期会晤委员会运输合作分委会框架下，合作解决东方港疏散运力问题。目前，俄罗斯政府已经意识到这一问题，近期密集出台政策，解决西伯利亚大铁路的运力问题。但在该问题尚存期间，应积极引入俄罗斯有实力的国际物流企业入园或者设立代表处，签署合作协定。

（四）重视空港和汽运

中欧班列出境货物有时会出现"一箱难求"情况，大量货物通过汽运经中哈、中俄、中蒙口岸出境。汽运适用质量轻、占用空间大的商品运输，如邮包，而随电商快速发展，邮包运输量激增，对跨境汽运需求上升。另外，汽运还有一个优势，就是可以一站到底，实现点对点运输，时效性更强。因此，上合示范区多式联运中心除力争申请班列集结中心示范工程外，还应将汽运国际物流列为支持对象。这里要充分利用《上海合作组织成员国政府间国际道路运输便利化协定》中的六条线路，即线路1（中哈俄北线）：乌鲁木齐—塔城—巴克图（中）—塞米巴拉金斯克（哈）—维谢罗亚尔斯克（俄）—巴尔瑙尔；线路2（中哈俄南线）：连云港—乌鲁木齐—霍尔果斯（中）—阿拉木图（哈）—塔拉兹—希姆肯特—克孜勒奥尔达—阿克托别—奥伦堡（俄）—圣彼得堡；线路3（中塔）：乌鲁木齐—喀什—卡拉苏（中）—穆加布（塔）—霍罗格—杜尚别；线路4（中哈乌）：乌鲁木齐—霍尔果斯（中）—阿拉木图—塔拉兹—希姆肯特—奇纳兹（乌）；线路5（吉哈俄）：坎特（吉）—卡拉苏（哈）—塔拉兹—希姆肯特—克孜勒奥尔达—阿克托别（哈）—奥伦堡（俄）—圣彼得堡；线路6（中吉）：连云港—乌鲁木齐—喀什—吐尔尕特（中）—奥什（吉）。另外，小多边的中吉乌公路、中吉乌公铁联运也已经运行。挖掘以青岛为集散地通过上述线路的运输潜力，对上合示范区开展与中亚、俄罗斯的国际公路物流业务大有裨益。为此，应积极吸引国内面向上合组织国家物流企业入园，给予一定税收等优惠，争取已入区的京东物流等，在园区开展国际物流业务。另外，上合示范区紧邻机场，与上合组织十余个城市开通了货运线路，随着高货值邮包运输需求旺盛，空港的优势将得到体现。

（五）拓新与挖潜相结合

随着上合组织的扩大，组织的覆盖范围日益增大。需要改变思路，对接新的物流诉求，开发新线路。其中最重要的是"中间走廊"，对接乌兹别克斯坦、阿塞拜疆、亚美尼亚、伊朗的物流需求，探讨与上述国家地方政府的合作，支持中国企业在当地以租赁形式，建设区域物流中心。

在交通物流方面，合作最为积极的是乌兹别克斯坦。由于乌兹别克斯坦是"双内陆国",乌总统多次强调"走出去"对经济发展的重要性。在上合组织框架下,乌方提议制定《上合组织成员国发展交通领域互联互通战略》,主动提出在乌举办上合组织交通论坛。在联合国框架下乌方还提议建立联合国中亚地区交通通信合作发展中心。因此,除哈萨克斯坦、俄罗斯外,乌兹别克斯坦可能是上合示范区物流合作的新增长点,应予以重视。

在境外,大通道已经逐渐清晰,开发出的线路越来越多,但这些通道上的物流站点却不够多,上合示范区也需要与更多国家合作,市场化运作一些物流集散中心,通过高效的信息处理、完备的物流场站,降低物流成本。

四、做实产业合作,夯实地方经贸合作基础

上合示范区建设成果的载体是项目,要积极服务于产能投资合作,带动项目落地,这是上合示范区工作的重要方向。但鉴于各国资源禀赋、发展阶段、历史文化差别较大,"要加强国别精准对接,实施'一国一策''一城一策',找准目标城市予以重点突破"[①]。现阶段,宜考虑从以下几个方面做工作。

(一)广泛开展园区之间的对话合作

上合组织国家普遍设有经济特区和工业园区,与上合示范区功能类似,应将其作为优先的合作伙伴。乌兹别克斯坦在上合组织撒马尔罕峰会上提出成立上合组织国家经济特区联盟的建议,并提议在2023年举办特区负责人会议,上合示范区应考虑积极呼应。乌兹别克斯坦总统米

[①] 孟庆胜:《对优化中国-上海合作组织地方经贸合作示范区建设的思考》,《欧亚经济》2022年第3期。

尔济约耶夫多次召开园区发展专题会议，在其当政的 5 年时间里，乌兹别克斯坦共创建了 19 个自由经济区和 400 多个小型工业区，乌方准备成立"乌兹别克斯坦 – 上合组织"产业区，2022 年 6 月，乌兹别克斯坦总统签署《关于创建地方经济特区和小型工业区及保障其工程通讯基础设施的若干措施》法令，拟新建 104 个小型工业园区。乌兹别克斯坦要建设如此多的园区，其基建和管理本身就是合作点。上合示范区可与乌方就成立经济特区联盟先行沟通，成为联盟的发起者之一。

俄罗斯是上合组织国家中经济实力最强的国家之一，共建设了 30 多个经济特区，其中规模较大的有：阿拉布加经济特区（喀山），优先产业是石油化学、建筑材料、汽车及零部件、生活消费品等，乌克兰危机前有 57 家外国企业入驻；利佩茨克经济特区（利佩茨克州），优先产业是金属成品加工、机械设备制造、动力机械制造和建筑材料等，有 60 余家企业入驻；杜布纳经济特区（莫斯科州），优先产业是软件、信息技术和电子通信、核物理技术、纳米技术和医疗器械等。由于制裁导致部分西方企业撤资，上合示范区与其合作的空间是协助上合组织国家的企业，特别是中企填补空缺。

上合示范区的另一个关键合作方向是中国企业在境外建设的园区。在上合组织国家，经商务部、财政部批准建设的境外经贸合作区有：乌苏里斯克经贸合作区、托木斯克木材工贸合作区、中俄（滨海边疆区）现代农业产业合作区、俄罗斯龙跃林业经贸合作区、乌兹别克斯坦鹏盛工业园、吉尔吉斯斯坦亚洲之星农业产业合作区、巴基斯坦海尔 – 鲁巴经济区、中白工业园、埃及苏伊士经贸合作区、柬埔寨西哈努克港经济特区等。未被批准但有相当规模的园区还有很多，这些园区均以市场化运作，积累了丰富的海外建园经验，是上合示范区可以优先合作的对象。

（二）积极服务双向投资，重心是"走出去"

鉴于各国对外投资能力有限，上合示范区向对方招商引资的重点应放在俄罗斯、中东国家。对沙特、阿联酋等国，重在引资；对俄罗斯、白俄罗斯等重在引技、引智。作为服务地方合作的机制，上合示范区优先服务对象是山东的优势企业，协助其到上合组织国家投资。可考虑在博览会框架下，积极参与上合组织产业链供应链合作论坛，通过上合示范区平台，帮助各国自中国招商引资。可通过"友城合作+双向投资"框架，在对方国家打造以山东企业为集群的工业园。首批选定几个关键城市，如俄罗斯的喀山、乌兹别克斯坦的撒马尔罕、巴基斯坦的瓜德尔、白俄罗斯的布列斯特等。未来，也要考虑在上合示范区打造以俄罗斯、白俄罗斯、哈萨克斯坦等欧亚国家为集群的"园中园"。

大项目带动对园区建设仍有重要意义。大项目可形成特事特办，减少扯皮。各国政府，特别是地方政府都高度重视大项目，会为这些项目特批一些优惠措施，且容易落实到位。在中亚有国家元首亲自为重大项目特批优惠政策的先例。

（三）推动科技合作双向流动

科技是第一生产力。2016年，上海合作组织通过了"上海合作组织科技伙伴计划"；2021年，上合组织成员国元首理事会发表了《上海合作组织成员国元首理事会关于加强科技创新领域合作的声明》，通过了《建立上合组织科技园区库和创新集群的构想》，为科技合作指明了方向。对上合示范区来说，科技合作就是服务企业，加强技术引入。一是要编制前沿技术和专家名录，建立人才引进快速通道。对上合组织国家引进人才要争取税收优惠政策，对此可以参照海南自贸区的人才税收优惠标准。二是用好山东产业基础雄厚、技术潜力巨大的优势，建设科技孵化和推广中心，组织开展俄罗斯、白俄罗斯、印度、亚美尼亚等国技术人才来华路演，引进并落户上合示范区。三是与科技部合作，对接上合组织科技合作规划和路线图，从科技部门间的科技合作项目清单中筛选适合上合示范区的合作项目。

继续办好上合组织青年创新创业大赛，必要时可与印度、哈萨克斯坦、乌兹别克斯坦等联合举办。印度举办过上合组织青年科学家大会和创业论坛，并提议成立上合组织创新创业特别工作组；乌兹别克斯坦举办过国际创新周；哈萨克斯坦提议制订《建立上合组织科技园区库和创新集群的构想》，成立上合组织科技园区库和现代通信技术特别工作组的倡议也是哈方提出的。这些构想和工作组都在逐步落地，上合示范区可考虑与之建立联系并形成合作关系。

五、以人为本，争做民心相通的桥梁

上合示范区的主责主业是地方经贸合作，但民心相通是经贸合作的社会基础。民心通，经济合作事半功倍，而民心不通，则会事倍功半。民心相通的载体很多，既可以是政府、民间团体、智库，也可以是企业或普通游客。一个好的企业案例，胜过讲百个故事。对民心相通工作，上合示范区要将经济和人文交叉的领域，即服务贸易，特别是旅游和培训作为工作重心。

上合示范区已有民心相通的抓手，即上合组织经贸学院。这是对外示范中国理念和经验的抓手，下一步就是要做深做实，使之成为汇聚各国企业精英的平台。首先是扎实做好上合组织经贸学院的培训功能，充分了解受众的需求，编制针对不同群体的教案，使受训者有所得，扩大培训的影响力。同时要及时跟进参加培训人员的经营活动，定向精准为其推荐合作伙伴，使其长期受益。要充分结合山东的产业优势，打造出几个招牌式培训项目，如大棚种植技术、电子商务等，在条件允许时提供现场实操。近年上合组织文件都提到电子商务领域的合作，包括"开展电子商务领域经验和最佳实践交流，为发展电子商务创造条件；支持上合组织成员国中小微企业积极利用本国电子商务潜力"[①] 等，说明这

[①] 《上海合作组织成员国元首理事会关于维护供应链安全稳定多元化的声明》，外交部网站，2022 年 9 月 17 日，https://www.fmprc.gov.cn/zyxw/202209/t20220917_10767322.shtml。

方面的需求旺盛，特别是中小微企业对如何更好参与电商市场求知若渴。现学院的制度建设还不完善，急需完善组织架构，在管委会内部成立常设机构，负责学院筹建、日常管理、对外联络、成效评估等工作。

习近平主席在2022年2月会见中亚国家领导人时，多次提及建设鲁班工坊事宜。上合组织国家中，印度、巴基斯坦、乌兹别克斯坦、塔吉克斯坦四国与中方技工院校签署了备忘录，其中在印度的鲁班工坊于2017年运行，取得不错的效果。该工坊设在印度金奈理工学院，是中国在职业教育领域开展国际合作的成功范例，学生可以学到最实用的知识和操作技术，甚至可以获得学历教育证书。山东省有很多知名的职业技术学校，如山东蓝翔技师学院，上合组织经贸学院应考虑与其合作，与上合组织国家合办鲁班工坊，首批合作伙伴可选择伊朗、吉尔吉斯斯坦、阿富汗等国的院校。

加快建设上合经贸发展研究院，提高对上合组织国家的国情研究，突出战略研究、国别研究、产业研究、政策研究，为上合示范区的发展方向建言献策。

上合组织国家都有丰富的旅游资源，各国对旅游合作越来越重视。上合组织成员国已签署了《上海合作组织成员国政府间旅游合作发展协定》，各方商定将2023年定为上合组织旅游年。上合组织秘书处推出的"上合组织八大奇迹展"的影响力越来越大。根据乌兹别克斯坦的建议，每个国家在担任轮值主席国时都可以指定一个城市为上合组织旅游和文化之都。印度担任2023年的上合组织轮值主席国，各方已同意将印度的瓦拉纳西市定为2022年至2023年上合组织旅游和文化之都。中国游客是各方"争抢"对象，近年白俄罗斯、俄罗斯、乌兹别克斯坦、哈萨克斯坦等都推出了中国游客免签证待遇。要充分利用这一契机，吸引上合组织国家符合条件的外资旅行社在上合示范区注册，从事境内外旅游业务。

充分发挥上合示范区独特的优势，做强青岛·上合之珠国际博览中心的文化传播功能。该中心为各国提供的600平方米商品、文化展示区，既是各国介绍自己的窗口，更是中国民众了解对方的窗口。坚持做大做强"上合之夏"这一品牌，通过上合组织国家美食文化节、文化展、艺术节等特色活动，形成市场化运作的集文化交流、旅游观光为一体的综合服务品牌。

附 录
Appendix

第一期

附录一　习近平主席有关上合示范区的重要讲话

Appendix 1　President Xi Jinping's Important Speech on SCODA

习近平主席在上合组织成员国元首理事会第十八次会议上的讲话指出，中国政府支持在青岛建设中国－上海合作组织地方经贸合作示范区。

习近平主席在上合组织成员国元首理事会第二十一次会议上的讲话指出，中方将设立中国－上海合作组织经贸学院，助力本组织多边经贸合作发展。

习近平主席在上合组织成员国元首理事会第二十二次会议上的讲话指出，中方将于明年举办本组织发展合作部长会晤、产业链供应链论坛，建立中国－上海合作组织大数据合作中心，打造共同发展的新引擎。

附录二　上合示范区建设有关文件

Appendix 2　Documents Related to the Construction of SCODA

1.《国务院关于中国-上海合作组织地方经贸合作示范区建设总体方案的批复》（国函〔2019〕87号）

国务院关于中国-上海合作组织
地方经贸合作示范区建设总体方案的批复
国函〔2019〕87号

山东省人民政府、商务部：

　　你们关于中国-上海合作组织地方经贸合作示范区建设总体方案的请示收悉。现批复如下：

　　一、原则同意《中国-上海合作组织地方经贸合作示范区建设总体方案》（以下简称《总体方案》），请认真组织实施。

　　二、中国-上海合作组织地方经贸合作示范区建设要以习近平新时代中国特色社会主义思想为指导，全面贯彻党的十九大和十九届二中、三中全会精神，统筹推进"五位一体"总体布局，协调推进"四个全面"战略布局，坚持以人民为中心的发展思想，牢固树立新发展理念，按照党中央、国务院决策部署，打造"一带一路"国际合作新平台，拓展国际物流、现代贸易、双向投资、商旅文化交流等领域合作，更好发挥青岛在"一带一路"新亚欧大陆桥经济走廊建设和海上合作中的作用，加强我国同上海合作组织国家互联互通，着力推动形成陆海内外联动、东西双向互济的开放格局。

三、山东省人民政府要切实加强组织领导，健全机制，明确分工，落实责任，按照《总体方案》明确的目标定位和重点任务，扎实有序推进中国－上海合作组织地方经贸合作示范区建设发展。

四、商务部要会同有关部门按照职责分工，加强对《总体方案》实施的统筹协调和督促指导，注重总结经验，协调解决建设工作中遇到的困难和问题，为中国－上海合作组织地方经贸合作示范区建设发展营造良好环境。重大问题及时向国务院报告。

国务院

2019 年 9 月 20 日

（此件公开发布）

2.《中国-上海合作组织地方经贸合作示范区建设总体方案》

中国-上海合作组织地方经贸合作示范区建设总体方案

为落实习近平总书记在上海合作组织（以下简称上合组织）成员国元首理事会第十八次会议上关于中国政府支持在青岛建设中国-上海合作组织地方经贸合作示范区（以下简称上合示范区）的重要讲话精神，高标准规划建设好上合示范区，制定本方案。

一、总体要求

（一）指导思想。以习近平新时代中国特色社会主义思想为指导，全面贯彻党的十九大和十九届二中、三中全会精神，紧紧围绕统筹推进"五位一体"总体布局和协调推进"四个全面"战略布局，坚持以人民为中心的发展思想和新发展理念，深入落实党中央、国务院决策部署，深刻把握建设上合示范区的重要政治意义，服务国家对外工作大局，强化地方使命担当。加快落实上合组织青岛峰会重要成果，深度融入"一带一路"建设，拓展山东青岛与上合组织国家相关地区间的交流合作，把上合示范区建设成国际多双边框架下地方经贸合作样板，力争在国家开放新格局中发挥更大作用。

（二）目标定位。充分发挥上合示范区在青岛口岸海陆空铁综合交通网络中心的区位优势，统筹海港、陆港、空港、铁路联运功能，更好发挥青岛市在"一带一路"新亚欧大陆桥经济走廊建设和海上合作中的作用，按照"物流先导、贸易拓展、产能合作、跨境发展、双园互动"模式运作，着力推进绿色化建设。上合示范区实施范围在胶州经济技术开发区内。近期目标是立足与上合组织国家相关城市间交流合作，通过建设区域物流中心、现代贸易中心、双向投资合作中心和商旅文交流发展中心，打造上合组织国家面向亚太市场的"出海口"，形成与上合组织国家相关城市交流合作集聚的示范区。中远期目标是努力把上合示范区建成与上合组织国家相关地方间双向投资贸易制度创新的试验区、企业创业兴业的聚集区、"一带一路"地方经贸合作的先行区，打造新时代对外开放新高地。

二、重点任务

（一）加强互联互通，建设区域物流中心。

1. 畅通多式联运通道。建设上合示范区多式联运中心，统筹"齐鲁号"等国际班列发展，提升班列开行密度和运行效益，拓展货物回运业务，打造山东半岛多式联运物流枢纽。探索发展国际班列内外贸货物混编运输业务。推动保税物流中心（B）型申建设立工作。建设多式联运综合服务平台，整合上合示范区周边陆海空铁口岸资源，促进上合示范区与青岛港、青岛胶东国际机场、中铁联集青岛中心站有效衔接。

2. 集聚发展现代物流产业。发挥青岛港口岸优势，发展出口拼箱、仓储加工业务。依托青岛胶东国际机场拓展"空空＋空地"货物集疏模式，开展进出境全货机境内续驶段混载业务，发展国际中转、国际配送、国际采购、国际物流业务。建设国际冷链食品交易分拨中心，发展冷链物流。规划建设上合物流园、中铁物流园等国际物流园区，发展物流、仓储、加工等产业。推动综合保税区申建设立工作。

3. 开展国际物流合作。充分发挥现有上合组织成员国交通部长会议机制作用，推动地方交通部门开展政策法规、规划标准等领域合作交流。支持青岛港对接上合组织国家的重要港口以及日本横滨港、福冈港和韩国釜山港、仁川港等港口，开展面向上合组织内陆国家的海铁联运服务合作。支持企业在上合组织国家主要城市建设国际物流节点，拓展国际物流业务。

（二）加强贸易合作，建设现代贸易中心。

4. 拓展货物贸易合作。支持青岛试点建设上合组织国家特色农产品进口指定监管场地，加快推进上合组织国家优质农产品和食品准入进程，扩大优质农产品进口及向其他国家转口。建设汽车整车及零部件、能源及原材料大宗商品平台，发展二手车出口业务。支持企业在俄罗斯圣彼得堡、哈萨克斯坦阿拉木图等伙伴城市设立产品采购、营销中心，扩大进口商品规模。

5. 发展跨境电商。依托中国（青岛）跨境电子商务综合试验区，鼓励企业建设跨境电子商务配套平台，集聚跨境电商企业，发展跨境电商业务。培育网上"上合地方特色商品展"。支持青岛优势企业建设货物集散基地和"海外仓"。

6. 推进服务贸易合作。复制推广国家服务贸易创新发展试点经验。支持企业扩大与上合组织国家相关城市在软件信息、检验检测、研发设计、数据处理等服务贸易领域的合作。以国家服务外包示范城市为依托，与上合组织国家相关城市开展多种形式的服务外包合作。依托空港功能，创新发展维修服务、技术服务、供应链服务等服务贸易新业态。

7. 搭建国际贸易发展平台。规划建设现代贸易综合服务载体，集聚国际贸易企业和服务机构。建设上合组织国家地方特色商品进口展示体验交易中心和特色商品馆，丰富常年展示商品种类，开展线上线下交易。举办上合组织地方经贸合作青岛论坛（暨上合组织国际投资贸易博览会），逐步打造有影响力的重要展会。

8. 推动贸易服务便利化。与上合组织国家相关城市开展通关、贸易、物流等信息互换共享，探讨投资贸易便利化，推动口岸通关模式改革创新。探索实行外汇资本项目收入结汇支付便利化试点，企业外债注销登记下放至银行办理试点。落实融资租赁出口退税政策。

（三）加强产能合作，建设双向投资合作中心。

9. 扩大城市间合作网络。巩固和发展青岛市与现有友好城市和经济合作伙伴城市关系，发展新伙伴城市，实现在上合组织成员国均有伙伴城市。定期在青岛和友好城市、经济合作伙伴城市举办双向投资贸易推介活动，举行经济合作伙伴城市工商界经贸合作发展论坛，共商地方经贸合作。

10. 加强研发和加工领域合作。鼓励企业与上合组织国家相关城市的企业和研究机构开展新材料、生物医药等领域合作。推动上合组织国家科技成果转移合作，提升科技孵化、技术研发、工业设计、工艺管理、检验检测能力。规划建设上合示范区总部经济和科技创新载体，完善鼓励政策，吸引企业、机构设立区域总部、技术研发中心、工业设计中心和孵化器。充分利用上合组织地区的资源和产品优势，建设加工基地。

11. 开展现代农业合作。建立农业合作基地，与上合组织国家相关城市开展旱作农业种植和育种合作。引进优质畜牧品种，推进畜牧繁育养殖基地建设。支持青岛企业在乌兹别克斯坦纳莫干州等地区开展生态修复、生态建设合作，在柬埔寨开展农业资源开发合作。拓展在农业新技术、新品种、新业态、节水灌溉等领域研究和合作。

12. 推进国际园区互动合作。加强与上合组织国家现有境外经贸合作区在园区管理、信息共享、产业对接、人员交流等方面的合作，实现资源和生产要素在境内外园区间双向流动，推动双园互动发展。

13. 便利优势企业走出去。为有条件的企业在上合组织国家因地制宜开展家电、油气、矿产、环保等领域合作提供优质服务。

14. 强化金融支持力度。支持青岛引进金融机构区域运营总部、分支机构或事业部。加强与亚洲基础设施投资银行等多边开发银行、丝路基金、中国－欧亚经济合作基金、上合组织银联体等合作，为上合示范区建设提供金融支持。支持在上合示范区注册企业的境外母公司或控股子公司按规定在境内发行人民币债券。支持上合示范区跨境人民币业务创新。

（四）加强商旅文融合，建设商旅文交流发展中心。

15. 开展文化旅游交流合作。加强与上合组织国家重点旅游城市合作，开发观光度假、专题游览、颐养健康和生态休闲等现代旅游项目。支持旅游服务企业结合直航航线开通，开发以主要城市为目标市场的旅游线路。开展青岛和主要旅游城市间互为目的地的旅游宣传推广活动。开展与上合组织国家城市间竞技体育赛事、城市形象大使、地方特色餐饮、民间传统文化、影视文化艺术、媒体、智库等领域的交流合作。

16. 开展教育和法律服务合作。支持青岛与上合组织国家相关教育机构开展职业教育领域合作，开展多种形式中外合作办学。鼓励城市间多种形式的学术交流活动。建设中国－上合组织法律服务委员会上合示范区法律服务交流合作基地。建立涉外法律服务专家智库，探索法律服务保障经贸合作新模式。

17. 开展技能培训合作。建设地方国际经贸人才培训基地，探索伙伴城市来华职业技能培训实习模式。支持青岛承办针对上合组织国家人员的援外培训项目。支持上合组织国家青年科学家在上合示范区从事短期科研或学习进修。为上合示范区建设发展需要的外籍人员入出境、办理签证、申请居留提供便利。

18. 开展绿色生态园区建设交流。开展城市间绿色生态发展交流，提升园区自然生态系统生态功能，建设绿色生态合作示范基地。

三、保障措施

19. 加强统一领导。贯彻落实习近平总书记在上合组织青岛峰会上提出的发展观、安全观、合作观、文明观和全球治理观，把上合示范区建设纳入上合组织区域经济合作框架统筹推进，推进上合示范区高质量发展。

20. 省部协作支持。有关部委按职责对上合示范区建设提供必要支持。依托有关部委与山东省现有部省协作机制，突出高点定位、科学规划、创新引领，对上合示范区建设给予指导。支持青岛市参与和承办上合组织地方领导人论坛。中国与上合组织国家签署协议的相关成果和试点项目在上合示范区探索实施。

21. 依托国际协调机制。利用上合组织现有工作机制，充分发挥上合组织经贸部长会议等机制作用，加强与各成员国地方在政策沟通、项目推介、企业交流等领域合作。与上合组织中国实业家委员会建立工作机制，与上合组织实业家委员会秘书处建立联合工作组。依托双边合作机制，推进与重点国家地方合作率先突破，探索与上合组织国家地方经贸合作体制机制创新模式。发挥在俄罗斯（圣彼得堡）的青岛工商中心作用，推动地方经贸合作。

22. 反恐保障工作。充分发挥上合组织地区反恐怖机构理事会会议机制，围绕上合示范区开展反恐务实合作，确保合作区建设安全推进，健康发展。

23. 推进工作落实。上合示范区实施主体为山东省青岛市。山东省全力支持青岛市建设上合示范区，依托全省资源提升上合示范区影响力和辐射作用。青岛市建立上合示范区领导工作机制，统筹推进上合示范区建设工作。制定促进上合示范区发展的鼓励政策。上合示范区实施"管委会＋平台公司"管理模式，探索体制机制创新，建立精简高效的管理体制。

附录三　外国嘉宾和国内领导有关上合示范区的讲话

Appendix 3　Speeches by Foreign Guests and Domestic Leaders on SCODA

2020年11月10日,《上海合作组织成员国元首理事会莫斯科宣言》指出,欢迎中方关于在青岛建设中国－上合组织地方经贸合作示范区的倡议。

2020年11月30日,李克强总理出席上海合作组织成员国政府首脑(总理)理事会第十九次会议时表示,中方将发布"中国对上合组织成员国贸易指数",加快中国－上合组织地方经贸合作示范区、上合组织农业技术交流培训示范基地建设,推动上合组织务实合作朝着纵深方向发展。

2021年11月25日,李克强总理在上海合作组织成员国政府首脑(总理)理事会第二十次会议上的讲话指出,中方愿继续利用中国－上合组织地方经贸合作示范区等平台,同各方拓展国际物流、现代贸易、双向投资合作,扩大进口上合组织国家优质农产品和其他适销产品,促进彼此贸易动态平衡和可持续。

2022年9月16日,《上海合作组织成员国元首理事会撒马尔罕宣言》指出,成员国将通过落实《上合组织成员国地方合作发展纲要》,举行并继续拓展上合组织成员国地方领导人论坛形式,包括有关国家利用青岛的中国－上合组织地方经贸合作示范区平台,进一步深化地方合作。

上合组织前秘书长弗拉基米尔·诺罗夫表示，示范区非常有吸引力且高效。

上合组织秘书长张明表示，上合示范区有力促进上合组织地方经贸合作，用开放凝聚了"上合力量"。

塔吉克斯坦共和国驻华特命全权大使佐希尔·萨义德佐达表示，上合示范区大力帮助推广塔吉克斯坦产品、农产品到中国。这是一个十分重要的经贸合作平台。

白俄罗斯驻华大使尤里·先科表示，白俄罗斯将继续致力于拓展两国间的全方位合作、深化两国人民之间的传统友谊，在巩固加强经济、人文、商贸等领域合作的基础上，寻找更多合作契机，开展更广泛互利合作，推动双方合作不断迈上新台阶。

阿塞拜疆共和国驻中国大使馆大使阿克拉姆·杰纳利表示，阿塞拜疆在上合示范区落地了国家品牌馆－青岛馆，将为推动阿塞拜疆产品进入青岛市场发挥关键作用，并将进一步推动双方经贸关系，拓展更多领域、更高水平合作。

吉尔吉斯斯坦驻华大使卡纳伊姆·巴克特古洛娃表示，上合示范区打造的如意湖综合体等重点项目有助于中国民众更加了解吉尔吉斯斯坦，加强吉尔吉斯斯坦与中国在经贸、文化等多方面的友好合作。

巴基斯坦驻华大使莫因·哈克表示，借助上合示范区和中国巴基斯坦中心的平台，我们将大力推动巴基斯坦与中国在投资、贸易、旅游和人文交流等领域的双边合作。

附录四　上合示范区大事记

Appendix 4　Chronology of SCODA

1. 2018年6月10日，国家主席习近平在山东青岛出席上合组织成员国元首理事会第十八次会议时指出，中国政府支持在青岛建设上合示范区。

2. 2019年5月24日，上合组织地方经贸合作青岛论坛暨上合组织国际投资贸易博览会开幕。这是迄今为止，胶州举办的规格最高、规模最大、参与国家最多的一次国际性活动。

3. 2019年7月24日，中央全面深化改革委员会第九次会议召开，国家主席、中央军委主席、中央全面深化改革委员会主任习近平，主持召开并发表重要讲话。会议指出，在青岛建设上合示范区，旨在打造"一带一路"国际合作新平台，拓展国际物流、现代贸易、双向投资合作、商旅文化交流等领域合作，更好发挥青岛在"一带一路"新亚欧大陆桥经济走廊建设和海上合作中的作用，加强我国同上合组织国家互联互通，着力推动东西双向互济、陆海内外联动的开放格局。

4. 2019年9月20日，国务院批复《中国－上海合作组织地方经贸合作示范区建设总体方案》。

5. 2019年10月20日，商务部发布《中国－上海合作组织地方经贸合作示范区建设总体方案》。方案指出，近期目标是立足与上合组织国家相关城市间交流合作，通过建设区域物流中心、现代贸易中心、双向投资合作中心和商旅文交流发展中心，打造上合组织国家面向亚太市场的"出海口",形成与上合组织国家相关城市交流合作集聚的示范区。这是上合示范区建设的"指导手册"和"操作指南"。

6. 2020年11月10日,上合组织成员国元首理事会第二十次会议表示欢迎建设上合示范区的倡议。会议发布《上海合作组织成员国元首理事会莫斯科宣言》指出,成员国将继续加强地方合作,欢迎中方关于在青岛建设上合示范区的倡议。充分体现了成员国各方对上合示范区建设的支持、肯定和期待。

7. 2020年11月30日,上合组织政府首脑会议支持建立中国-上合组织技术转移中心。2020年11月30日,上合组织成员国政府首脑(总理)理事会第十九次会议联合公报显示,各代表团团长强调,支持共同研究在青岛建立中国-上合组织技术转移中心的问题。

8. 2021年9月17日,习近平主席在上合组织成员国元首理事会第二十一次会议上宣布,中方将设立中国-上海合作组织经贸学院,助力本组织多边经贸合作发展。9月18日,商务部解读峰会成果时明确,将依托上合示范区设立中国-上海合作组织经贸学院。

9. 2021年11月25日,李克强总理在上合组织成员国政府首脑(总理)理事会第二十次会议上讲话指出,中方愿继续利用上合示范区等平台,同各方拓展国际物流、现代贸易、双向投资合作,扩大进口上合组织国家优质农产品和其他适销产品,促进彼此贸易动态平衡和可持续。

10. 2022年1月13日上午,中国-上合组织经贸学院揭牌仪式举行。18日,中国-上合组织经贸学院举行理事会成立大会暨学院挂牌仪式。

11. 2022年3月,山东省首个临空型综合保税区——青岛空港综合保税区正式获国务院批复设立。青岛空港综合保税区是山东省第14个、青岛市第5个获批的综合保税区。

12. 2022年9月16日,上合组织成员国元首理事会第二十二次会议在乌兹别克斯坦撒马尔罕举行。会议发布《上海合作组织成员国元首理事会撒马尔罕宣言》指出，成员国将通过落实《上合组织成员国地方合作发展纲要》，举行并继续拓展上合组织成员国地方领导人论坛形式，包括有关国家利用青岛上合示范区平台，进一步深化地方合作。

13. 2022年11月25日，中国－上合组织地方经贸合作综合服务平台正式上线发布，获海关总署支持，成为中国国际贸易"单一窗口"首个国际专区。为与上合组织国家经贸合作提供"贸易+通关+物流+金融"为一体的全周期、全要素、全链条一站式解决方案，打造国内企业走进上合组织国家的母港、上合组织国家企业进入中国的平台。